工務店が教える お得な家のつくり方

低コスト・強靭・コンパクト住宅が戸建物件のキモ

山本章三 著

はじめに

フランスの経済学者トマ・ピケティが説いた「21世紀の資本」が世界中で話題になりました。彼は著書の中で21世紀になり、貧富の差があらゆる階層年代、国家間（先進国後進国）で進行している、そしてそのスピードがますます加速していると説いていますが、まさに21世紀を理解するのに必要なのが、この〝ピケティ現象〟と呼ばれる格差です。

日本でも、総中流時代と言われた40年前の高度成長期は、誰もが結婚し、マイホームやマイカー（自家用車）を比較的、普通に持てた時代でした。

ところがその後のグローバル化（国際化）で企業は安い賃金を求めて海外移転し、残った企業も少数の正社員と多くの低賃金のパートや派遣社員で業務をまかなうようになり、サラリーマンの年収格差も大きくなってしまいました。40％の正社員に比べ、昇給もなくボーナスもない派遣やパートが60％を超えるようになったのです。年収格差はすでに倍近くになり、近年その差もますます大きくなってきています。

運良く結婚できても、マイホームを持つのは大変です。住宅の小型化により、建物価格は安くなってきてはいますが、利便性のいい土地価格は下がらず、無理なローンを組むことによりローン破綻が急増しています。離婚やリストラなどの急な事情で家を手放さざるを得なくなるとほとんどの場合、家を売っても元金返済ができずに、アパートに住みながら、多額の借金を返済するはめになります。そして生活ができなくなりローン破綻するのです。

確かに自己破産すれば借金返済の義務もなくなるのですが、その代わりに2度と住宅ローンが組めなくなり、一生借家住まいとなってしまいます。最近自己破産をすすめる本が増えていますが、苦境に落ちた人を二度と立直せなくするとどめになってしまうだけであり、困ったものです。

大事なのはマイホームを持っても、自己破産しなくて済む方法を考えておくことです。

私は前職（立山アルミの販売推進課）で米国の住宅を視察した際、米国の住宅が日本の住宅価格の半分で（当時日本の住宅が坪50万円のところ米国は坪25万円）、しかも性能も仕様もいいのに感銘を受けました。日本も誰もが家をもっと気軽に買える時代にしなければならないとの思いから、20年前に独立して住宅コンサルタントになり、様々なＦＣに関与しながら、工務店のコストダウン指導をしてきました。

同時に、住んでいる新潟県で2度の震度7の地震を経験したことにより、復興及び耐震性の高い家づくりの研究組織である日本防災環境住宅研究会（ＪＰＳ住宅研究会）を、平成17年に立ち上げ、震度7の地震がきても住み続けられる住宅の検証・普及にも取り組んできました。品質が良くて安い家という観点では、やっと少しは米国価格に近付いてきたのですが、欧米と違って十分な耐震強度が必要なこともあり、やはり日本の住宅はまだまだ高すぎる状況です。

ただ、日本の住宅価格が高いのは、ハウスメーカーや工務店のせいだけではありません。日本人には未だに住宅をステータスとする考えがあり、欧米人の快適にすごせればいいという考え方とは少し違います。日本人はオーダーメイド（注文住宅）にこだわり、かけなくてもいいコストをかけているのです。

ハウスメーカーの夢の話に乗る前に、この本を読んでいただきたい。発想を変えれば住宅も手に入るし、将来何かあっても、賃貸収入でローン返済できて家を手放さずにすみます。

少し余裕があれば、賃貸収入付き住宅を建てて、投資家になることさえ可能です。

賃貸収入があれば、それを元に銀行借り入れをし、更に賃貸住宅を増やしていけます。映画に出るような広い家の代わりに、小さな住宅を2軒建て、片方に住みながら片方の家賃を貯蓄して次の投資案件の頭金にするのです。頭金があれば銀行融資もつけやすくなるので、融資をつけて次の賃貸住宅を建てていくことができます。

そうやって賃貸案件を増やせば、将来あてにできない年金の代わりになり、退職後の優雅な生活が保障されます。また例えリストラされても、賃貸収入があれば、家を手放さずに済むし、生活の足しにできるのです。

家は自分が使う分は負債（経費）であり、固定資産税や、電気ガス代のかかる消費財です。しかし賃貸住宅にして貸せば、同じ家が家賃収入を生む資産になります。

人生は7回変わるといわれています。独身、就職、結婚、出産、子育て、子供の独立、老後施設入居。建てた家に一生住むことはほぼありえないでしょう。そうなると、自分が出た後、賃貸利用しやすい家にするのがこれからの家の建て方でないでしょうか。

山の中のログハウスは売るのも貸すのも苦労します。街から遠いと借り手はおらず、売るのも利便性が悪いと誰も買ってくれません。それよりも街中の利便性のいいところで小さく、できれば2棟建てて、片方を貸しながら（転居すれば両方貸して）、次を建てるのがいいでしょう。利便性のいい場所の戸建て賃貸のニーズは高く、貸すのに困りません。しかも戸建て賃貸は大きくても小さくても家賃はほとんど変わらないので、大きな家1棟の予算で小さな家を2棟建てておおけば、家賃収入は倍になるのです。

マイホームが持ちづらく、離婚やリストラをきっかけにしたローン破綻が増えているそんな時代に、それでも家を買うなら、いざと言う時に家賃いくらで貸せるかが、これからの住宅選びの基準になっていくべきであり、私はそれを**将来賃貸価値住宅**と呼んでいます。

本書では、住宅を建てるときの「将来賃貸価値住宅」の建て方からはじまり、普通のサラリーマンでも手堅く賃貸経営が行える、戸建て賃貸の利点や詳細な手段。更に手を広げて賃貸経営を行うための方法と、これから需要が高まるであろうサービス付き高齢者住宅、また、地震に強い家の建て方や事例などを詳しく紹介しています。

これから家を買おうとしている方はもちろん、すでに賃貸経営をしている方まで、本書で使えるノウハウを活かして、ぜひ投資価値のある、お得な住宅を建てていただくことを願っています。

工務店が教える

お得な家のつくり方

CONTENTS

第1章　先行き不透明な時代こそ、副業賃貸経営

第2章 将来貸せる家を建てよう～狙い目は戸建て賃貸！

II

第3章 戸建て賃貸用地の選び方・探し方

第4章 賃貸物件パターン1 小さめ戸建て賃貸

第5章 賃貸物件パターン2 大きめ物件

第6章 今後予想される賃貸事情と新しい賃貸経営

第7章　地震に強い賃貸住宅を作る

第8章　実際の進め方（資金・工務店選び・運営）

付録

第1章

先行き不透明な時代こそ、副業賃貸経営

1、年金はもうあてにならない、年収も増えない時代

5年に1度、厚生労働省による年金の財政検証があります。これは年金の財政を検証して、今後、どれくらいの年金を払えるか検証をするものです。

平成26年の発表で打ち出されたのが、「納金を65歳までにして、年金の支給開始も65歳からスタート、そして現在の支給基準（平均手取り収入の63％）を段階的に減らしていき、2043年までに51％にする」という方針でした。

これはすでに支給が開始されている65歳以上の国民の支給額にも適用され、現在の団塊世代の月の平均受取額21万8000円は17万6000円まで減額されることになります。さらに今の30代が年金を受け取る時は月15万円以下の支給額と予想されているのです。

国税庁は高齢者の資産に対して、課税を増やすことや消費税の大幅アップで、支給額を維持する旨を発表していますが、それもなかなか難しい状況なのは明らかでしょう。今の日本の現状を見るに、むしろ支給額が減る要素のほうが多く、最低支給額の15万円を確保することも難しくなるかもしれないのです。この先、もう年金だけでは、生活保護世帯くらいの生活しかできず、もはや自分の老後は自分で守るしかありません。

2、従来の日本人が購入する家は消費財

さて、地方に住む、ある一組の夫婦の話をします。彼らは賃貸アパートで何も問題なく暮らしていましたが、子供ができ、子供の夜泣きや騒音で、隣り近所に迷惑がかかるようになってきたため、アパートでの生活が苦痛になってきました。そこで彼らはまずネットでなんとなく家探しを始めます。家賃くらいは払っているのだからと、家賃並みで買える家に検討をつけ、いよいよハウスメーカーの展示場に出かけます。

展示場は子供が大きくなっても、さらに人数が増えても十分な広さで、かつ素敵な家具が配置され、明るく楽しい夢の生活を見せてくれています。そして営業マンに「今の家賃より少し余分に出せばこの家が買えます」と言われるのです。「年収の６倍までローンがつくので、今の年収で十分買えますよ」と。

これは家の購入を検討した時によくある話で、ここでの会話に出てくる家は〝消費財としての家〟になります。

消費財には、〝資産（賃貸価値）を産まず、価値は買った時がピークでどんどん値下がりする〟という特徴があり、身近な他の例ですと、車も消費財になります。それでも車は中古車として気

軽に売れますが、家は価格の下がり方も金額も、車よりはるかに大きなものです。

3000万円で買った家でも翌年売ろうとすると、半額の1500万円くらいになってしまうケースはざらにあります。その他にも固定資産税が毎年かかり、さらに10年、20年たつと修理費がかかるようになります。すなわち、どんどんお金が出ていくのが消費財としての家なのです。

どんなにいい家を建てても売る時や貸す時は、中古住宅の相場と家賃相場で金額が決まり、普通に安い値段で建てた家とほとんど同額しか取れません。

いざという時に売ったり貸したりする考えで家を評価すれば、それが資産としての家の評価になります。将来損をしないためには、賃貸資産として評価した家の買い方をするべきです。

3、家は最悪のケースを考えて買うべき

ローン破産の急増の原因①～離婚

近年、家を買ったばかりに生活が苦しくなり、あげくローン破綻や離婚する人が増えています。

最近仕事柄、銀行のローン担当者の方とお話をする機会が何度かあったのですが、その方が言うローン破綻の1位は離婚とのことでした。銀行にとって住宅ローンはしっかりした担保があるので増やしたい融資なのですが、離婚によるローン破綻は残金が多く、回収できない場合が多いそうなのです。

厚生労働省の統計資料でみても近年の離婚数は年間23万組を超えています。次ページのグラフをみても、やはり30代、40代の離婚が多く、ローン破綻と離婚の関係が予測されます。ある調査によると、離婚の原因は男が作る場合が多いそうです。というのも家を建てると、家計を助けるために女性も仕事に出る場合が多くなります。仕事と育児の両立は大変なことですが、男性側に理解がなく、育児や家事の手伝いをせず、夫婦仲は急速に悪くなるそうです。男性に危機意識がないとそのまま離婚になるという図式になるのです。

10組に1組が離婚している現実を考えると、住宅ローンを組む時は、離婚の可能性も考えておくべきではないでしょうか。

離婚となると、基本的に自宅を二人で一緒に使うわけにいかず、財産分与が必要となります。ところがまだ返済の進んでいない家は売っても残債がかなり残るケースが多くあるのです。

離婚後の慰謝料を払いながらのローン返済は非常に難しく、結果自己破産するしかなくなり、

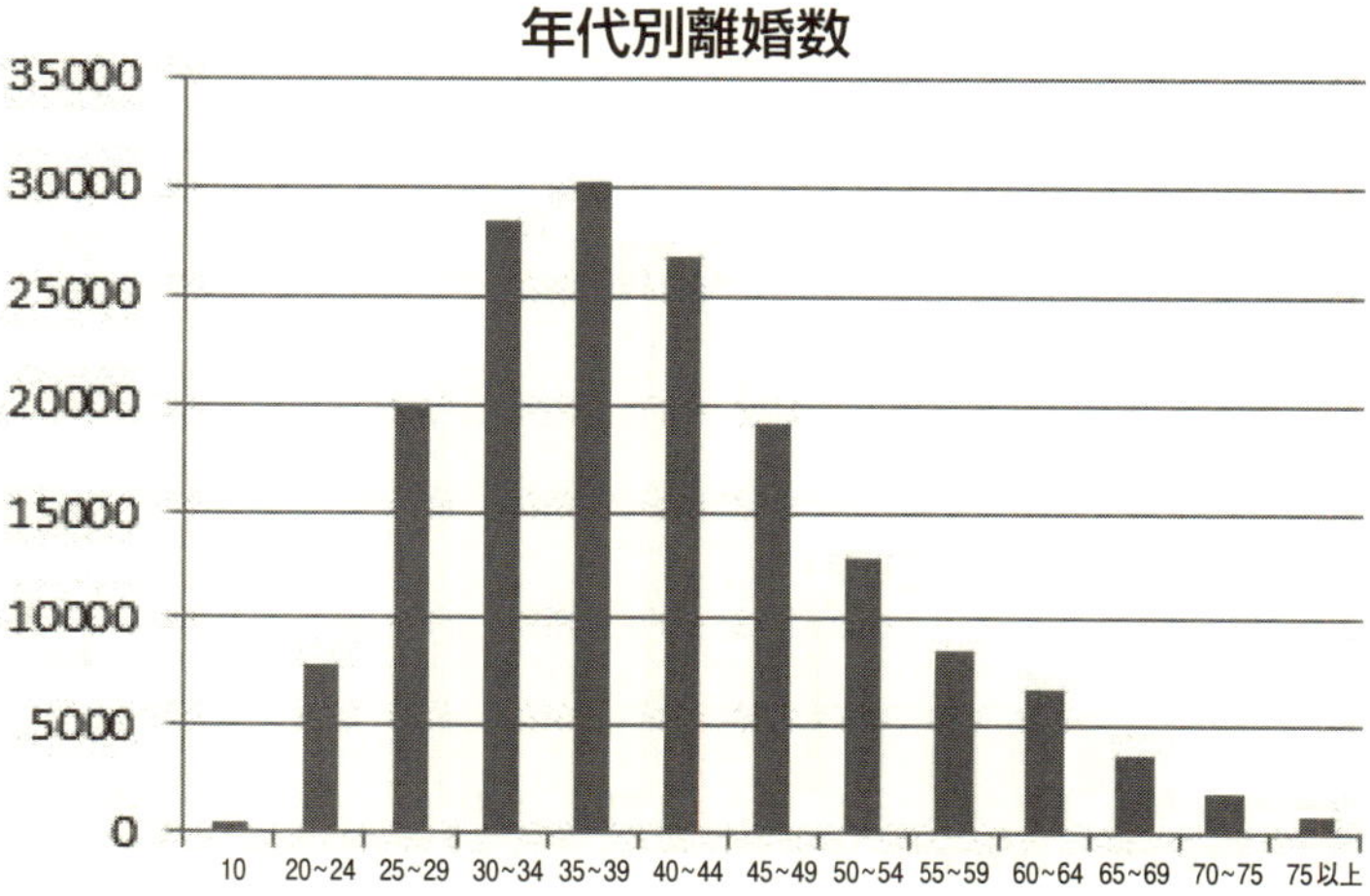

厚生労働省資料より

一度自己破産すると2度と住宅ローンは組めなくなってしまいます。

離婚してもローンは払い続けられますか? 無理して家を買ったばかりに生活が苦しくなり、それが原因で離婚し、破産者になるケースが意外と多いことは考えておくべきでしょう。

ローン破産の急増の原因②~リストラ

リストラは今の日本社会では、もはや普通に行われています。しかし、そのような話を聞くことがあっても、ほとんどの人はまさか自分がその対象になるとは、考えたことはないのではないでしょうか。

日本企業は、特に大手になればなるほど社会的な信用や、求人への影響を考えて、表面的にはリストラを行っていないようにみえます。

しかし中小企業では、業績悪化を理由にリストラを行う会社は増えてきていますし、大きな会社には優秀な人事担当者がおり主要な仕事のひとつにリストラも入っているそうです。問題のある社員が法的な問題を残さず円満に退社するように仕向けるのが、プロの人事部の仕事なのです。

また特に最近多いのが吸収合併された会社のリストラです。合併効果を出すためには余剰人員を整理しなければならず、だいたいが吸収されたほうの会社の社員が対象となります。その場合、会社でこれまで貢献したかどうかにかかわらず、高い給料の高齢者が狙われていきます。

私が以前勤めていた会社も表面的には対等合併でしたが、実質的には吸収合併で、元同僚はほとんどがリストラされました。私から見ても何故あんなに能力があるのにリストラされるのだろうと思う人もいましたが、能力のある人ほど、少しプライドを傷つけるような人事異動や、転勤命令を出すだけで辞めてしまうのだとわかりました。

自分は勤務態度もいいしリストラされることはないと思っていても、企業にとって採算悪化事業の縮小は当たり前ですし、会社が倒産することだってあります。それでも35歳以下の若い方の再就職は比較的スムーズで、それほど賃金は下がらないかもしれません。ところが35歳を過ぎると、状況は急に厳しくなりだします。

特に40歳を越えた人の再就職では、今の年収よりかなり下がることを覚悟しなければなりません。ネットでハローワークを検索すると、その厳しさがよくわかると思います。募集年齢はハローワークの指導により40歳までとしている企業は多いものの、少々能力があっても採用する側は少しでも若い人を採用したがるため、面接さえ難しくなるのが日本社会の現状です。

ローン破産の急増の原因③～昇給ストップ

団塊世代が家を買った頃は、給料は毎年上がり、昇格や昇給もありました。なので家を買った時は多少苦しくても、だんだん生活は楽になっていくものでした。

ですが、現在の状況はグローバル化とロボット化で一変し、もはや国内にいて誰もが給料が上がる時代は終焉を迎えたといっても過言ではありません。

例えばネット電話の発達で、今は企業のサポートは海外のサポーターが受けている場合も多くみられます。国内メーカーに問い合わせているのに実は中国、ベトナムに電話が飛び、現地で雇った日本語の話せる日本の留学経験者や、日本人が応対を行うのです。米国のソフトサポートの

80%は英語圏のインドでされているともいわれています。国際電話代はネット電話でほぼ無料ですので、国内通話だけで安い海外の人件費でサポートが行われているのです。

グローバル化とはお客も働き手も、海外と競争していることをいいます。基本的には国内でないと効率の悪い開発事業や、特殊商品・高品質商品だけを国内で、残りは安い海外で生産をおこないます。商品に大きな差がなければ、企業は人件費の安い国に出ていくのです。

平行して、ロボット化によって、これまで必要だった労働が不要になってきている面も昇給ストップに大きく影響しています。ロボットはいまや人口知能を装着し、難しいプログラミングをしなくても勝手に学習してくれるようになりました。日本企業が海外移転せずに国内生産で頑張るにはロボット化が欠かせないのかもしれません。

最近、派遣社員と大手企業の賃金格差が取り上げられていますが、理想論で言うと、ロボットのお陰で作業性が上がった分、作業者の賃金が上がるといいのです。ですが、企業がロボットを導入する理由は海外との生産コストの差を縮めることです。つまりあくまでも人件費削減のためであり、海外に負けない競争力をつけるためなのです。

日本製品は品質がいいので多少高くても売れますが、世界でもトップレベルの日本の人件費をこれ以上上げては価格競争力がなくなってしまうので、簡単に賃金を上げることはできないのです。

4、購入時に説明されない金利の恐ろしさ

平成になってから金利がどんどん安くなり、借り入れ可能額が増えました。特に2015年より現在（2017年）も市場稀に見る低金利であり、住宅ローンの借り入れは非常にしやすくなっています。

ここで問題なのは、金利が下がると、返済可能額以上に借り入れ可能額が増えることです。住宅営業マンは少しでも高い住宅を売りたいので、総額ではなく月返済額で話をします。実はここに大きな落とし穴があるのです。

今は住宅金利は10年固定で1％ぐらいの設定が多く、この金利ですと年収400万円の人でも2400万円くらいは借りられることになります（頭金なし、返済35年で計算）。毎月の返済額も7万円程度で済む計算になります。

ところがこの金利がもし2％になると月返済が7万9500円、3％になると9万2300円、4％だと10万6000円にまで上がるのです。なお金利が4％の場合ですと、年収400万円の

人の借り入れ可能額は２０００万円以下となります。

現在の低金利にのって、返済額を安く見せるために10年固定の安い変動金利（10年間だけ１％前後）で借り入れをすすめるところも多いのですが、金利は必ず変わります。金利が今が一番安いということは、すなわち将来上がることになるのです。

将来も安心して返済したい方は、政策金融公庫のフラット35をお勧めします。２％くらいの金利ですが、返済終了するまで利率は変わりません。どこでどのように申し込むかはネットでも調べられますし、詳しく知りたい方は、政策金融公庫の窓口に行けばいいでしょう。銀行でも、どうしてもフラット35を使いたいと言えば資料は出してくれますし、窓口にもなってくれます。ただしあまりいい顔はされません。

また、フラット35は共働き夫婦にさらにメリットがあります。銀行の場合は伴侶の収入は50％しか評価してくれませんが、フラットだと１００％評価ですし、年収の関係で銀行でローンが通らなくてもフラットで通る場合が多くあります。銀行で断られた場合、諦めずに政策金融公庫で相談してください。

とにかく低金利の時代は借り入れ可能額が増大しますが、借り入れ可能額と返済可能額は全く

住宅金利の変化によるつきの返済額の推移

10年固定・2400万円借りた場合		
金利1%	毎月返済額	約7万円
2%		79500円
3%		92300円
4%		106000円

違います。今の収入が将来も増えないとして、返済計画をするべきです。目安を今払っている家賃とし、その範囲で買える住宅にしておくべきです。決して背伸びせず、将来の出費が増えるかもしれないと、余裕は貯蓄するべきなのです。

ローン返済の落とし穴

例えば自宅を購入した5年後に何らかの事情でローン破綻して、家を手放さざるを得なくなったとしても、家の売価は購入時の半額くらいにしかなりません。その上そこで、ローン残債がほとんど借入時の額に近いという非情な現実に直面するケースが多くあります。

私が20年前に中古住宅を大阪寝屋川で買った時は、1400万円の借り入れをしました。転勤で10年後に売った時、10年間も一生懸命ローンを払ったのに元金が200万円程度しか減っておらずビックリした経験があります。

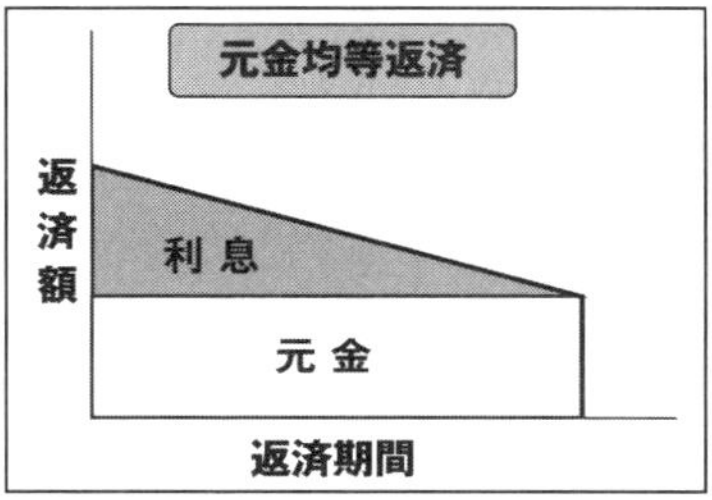

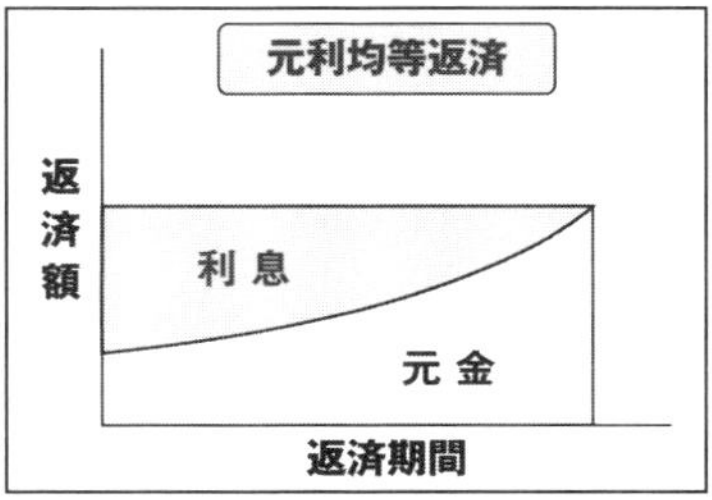

これはローンを返済する仕組みによるものです。ローン返済の代表的なものには、元利均等返済と元金均等返済という2つの方法がありますが、多くの場合は返済方法の説明もなく元利均等返済が組まれます。すると最初の10年間は返済のほとんどが金利返済に充てられるケースが多く、元金の返済はわずかなのです。20年前は金利が8％と非常に高かったこともあり、今はここまで極端なこともないのですが、はじめの10年はほとんどが金利分を返済しているというのは変わらないようです。

上記はフラット35の説明用グラフですが、右側の元利均等返済では最初の内は、元金の返済額より利息のほうが多く、元金があまり減らないのがわかります。左の元金均等払いは、元金返済を均一にして、利息を乗せて返済するものですが、返済初期の金額が多く、サラリーマンのローンには不向きです。

そこでほとんどの人が元利均等を選ぶのですが、家を完済前に手放さなくてはいけなくなった時に問題が生じます。それは、建物の値下がりのほうが早く、家を売ったとしても、その値段よりもローン残高が残ってしまうことです。例えば3000万円で購入した家が、10年後に売る時に価格が下がり1500万円になったとします。その時にもしローン元金残嵩が2800万円残っていたら、家を売って処分しても借金だけが1300万円残ることになるのです。

5、家に対する発想の転換～「新築を購入して一生住む」はもう終わり

「買った時より高く売る」が米国流の家の考え方

ここで、米国の住宅事情を少しご紹介します。

私がまだ前職のサッシメーカー（立山アルミ）に在籍していた頃、責任者として米国の住宅視察に行ったことがあります。

どうせ行くなら米国の住宅を見てこようと、住宅視察を旅行の日程に入れました。できれば、新築の工事途中も見たいとお願いしたのですが、コーディネーターによると、サンフランシスコには新築現場がないとのこと。「（当時急成長していた）シリコンバレーならあるが、サンフラン

シスコから４００㎞くらい離れている」と言われて断念しました。

サンフランシスコの不動産ポストで出されている物件は中古ばかりだったのです。その不動産ポストは日本の不動産情報誌と同じように、外観写真と間取り、建物、土地の広さが書いてあり、価格と連絡先が記載されているものでした。ただ、日本と違うのは価格です。サンフランシスコという都会でありながらも、安いものは6万ドル（約７００万円）。お城のような豪邸でも30万ドル（約４０００万円）、普通の50坪くらいの物件で10万ドルから15万ドルという価格で売りに出されていました。見学させていただきましたが、キッチンは最新のもので、新築のようにきれいでした。


米国人は家を買い換える習慣があります。転職が多いこともあり、買った家に一生住むつもりは全くないので、売る時に有利な家を買い求めるのです。

実際米国の他の場所でもほとんど新築はなく、売りに出されているのは手入れされた中古住宅ばかりです。そして中古でも最新のキッチンやユニットバスが装備されているのです。

そのように、米国では家は消費財と同時に投資物件でもあり、米国人は資産価値を高めるのに非常に熱心です。買ったあとも、少しでも高く売れるように、家の手入れに余念がありません。庭の樹木や芝生などもきれいに手入れして、街全体の美しさに力を入れています。

日本でもそれに習って、大阪や神戸の郊外の学園都市にきれいな町並みをつくるという大手不動産会社の住宅開発が進んだことがありました。ですが、そもそも日本では当時の郊外の土地価格の値上がりが大きく、物件として高くなりすぎて試みは失敗に終わっています。今では逆にその土地の値下がりが大きく、売るに売れない団地になっています。

日本では新築の価格が高すぎて、買った時より高く売るのは難しいのでしょう。場所のいい中古住宅なら、まだ買った時よりあまり値下がりせず売れるかもしれません。

日本の住宅事情に変化

新築でも、日本の家は他国に比べて高すぎます。

米国の新築購入価格を聞いたところ、40坪の住宅で約10万ドル、50坪で15万ドルと、新築も中古住宅より土地の分程度高いだけの金額でした。土地も普通の住宅街であれば日本の3分の1以下（坪5万円程度）で買うことができます。日本では土地つきの新築は坪（3．3平方）あたり60万円するのに、半分以下の値段なのです。

それは工務店だけの責任ではありません。日本では供給過多で性能競争がどんどん加熱していった結果、いろいろな機能やこだわりをつけて高くしなければ、住宅は売れない状況になってしまいました。必要でない機能や性能をつけて高くなっていった携帯スマホや家電製品と同じです。

しかし今はその流れが変わってきています。そこには先程説明したように、賃金がグローバル化し、年収格差が非常に大きくなってきている背景があります。ネット時代ではあらゆるものが価格比較、商品比較され、安くても使い勝手のよいもの、高くても本当にいいものが売れるようになりました。あらゆる市場が少しずつ変わり、家電もスマホも高い価格の商品か、価格優先の安い商品に2極化してきています。

住宅や賃貸だけが例外ではいられません。建築も同様に本当に価格が安くていい住宅か、とことんこだわった高級住宅しか売れなくなってきました。

また、米国の住宅が安いのは、競合がハウスメーカーではなく、中古住宅だからです。日本もこれから大量の中古住宅が出回るようになるでしょう。親の介護や、田舎暮らしを始める等、団塊世代が郷帰りをはじめており、3月11日の震災後、若者の地方移住も少なからず起こっています。

中古住宅が増えると、選択肢が増えていきます。そうなると新築価格ももっと安くならざるを得ないでしょう。中古住宅なら買った時より高く売ることも可能かもしれません。

時代に即した長期優良住宅

時代の流れを受け、日本でもやっと中古住宅の価格を意識した新築が増えてきました。それが長期優良住宅です。

長期優良住宅は国土交通省が決めた住宅の性能評価であり、主として耐震性能、断熱性能、バリアフリー（高齢者対応）を新築段階で評価して登録する仕組みです。

例えば耐震性能は3ランクあります。

耐震等級1は、現在義務付けされている耐震性能で、大地震でも倒壊しない程度（震度7で倒壊はしないが、大きな損傷はある）。等級2は、大地震で倒壊もしないし大きな損傷もない（軽微な損傷はある）。等級3になると、震度7クラスの地震でもびくともしないという内容になっています。長期優良住宅に求められる性能は、等級2以上です。

長期優良住宅とするには、その他にも、バリアフリー（段差のないフロアー）と断熱性能等級3以上、配管の取り替えやすさ、床下通気や、空気環境等があります。これらは、あまり費用のかからないものですので、ほとんどの工務店ですでに標準仕様となっています。良質の住宅とい

「住宅性能表示制度において評価する性能」のイメージ

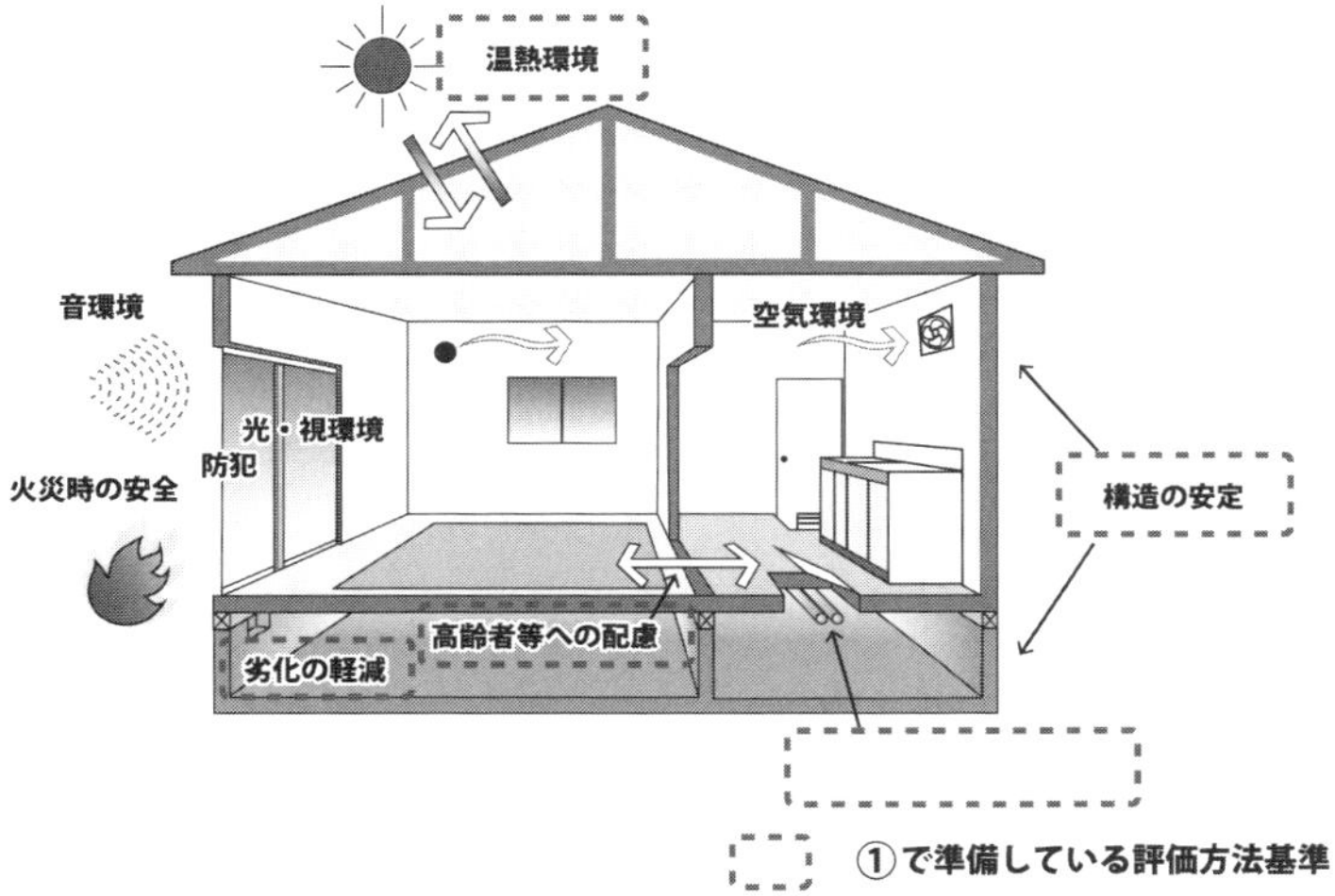

一般社団法人住宅性能評価表示協会 HP より

うことで、建物の性能には関係ありませんが、建物の広さ（大きさ）が25坪以上となっています。

これから新築をお考えの方は、将来売ること、利用することを考えて、長期優良住宅仕様にすべきと思います。新築は建てた時から中古住宅になってしまいますが、質の高い住宅をきちんと建てておけば中古住宅としても高く評価されて、売るのも貸すのも有利になります。

中古住宅を買って長期優良住宅に性能アップする方法もありますが、新築くらいの費用がかかってしまいます。

国土交通省は、長期優良住宅を増やすことで中古住宅の流通を高めて、建て替えによる環境負荷を減らし、低炭素世界を目指そうとしています。2020年以降は長期優良住宅仕様を建築確認の条件とする法案準備を進めており、これからは新築すべてが長期優良住宅性能の家となります。建てた家を長く使うのが森林資源、その他資源の節約になります。断熱のいい住宅に、太陽光発電をつけて、生活エネルギーゼロを目指しています（スマートハウス）。太陽光発電パネルも安くなってきていますので、これもいつかは建築条件になるのではないかと思われます。

2016年から中古住宅のインスペクション（性能検査と評価）も義務化されたので、性能の悪い住宅は家としての価値がつかずに、土地価格のみの評価になってしまいます。これも政策として質の高い住宅を普及させるための方策の一つです。

とはいえ日本での中古住宅の価格はまだまだ当分、土地価格が重視されるでしょう。

私は日本人もそろそろ米国の資産活用術を家の購入に取り入れるべきだと思っています。日本でも土地の利便性が高まると、買った時より高く売れることになりますし、そうでなくとも少なくとも値下がりはしにくいものです。そのような場所に家を建てるのもひとつの方法です。

column 1

コラム1　ライフプランの重要性

ライフプランをたててから家を買うべき

賃貸経営のみならず、自宅購入においても、ライフプランはやっておくべきものです。ライフプランとは金銭面での人生計画です。例えば子供が成長して、大学に行きたいと言った場合、文系理系の別や自宅か下宿かなどはありますが、平均して国立大学、県立大学で年間約200万円、私立で300~500万円かかるといわれています。4年間で国公立で800万円、私立だと1200万円~2000万円かかることになります。当たり前ですが、子供1人でそれだけかかるので、2人だとその倍かかることになるのです。

そのような将来必要となる費用を予想して、計画を立てるのがライフプランになります。最近では基本収入は増えないとして計算するのが普通であり、その中で貯蓄をするのが学資保険ということもあり、その提案のために保険会社が無料で作ってくれたりもします。

それ以外でも、住宅ローンを組むためには、本人が死亡したり、就業不可の病気やケガをした場合にローン残金を払えるように、団体保険への加入が義務付けられていますが、その保険会社にお願いすると無料でライフプランも作ってくれることもあります。

ライフプラン作成を求める住宅会社

ローン破綻する人が増えている現状を受け、ライフプランを受けない人に家を売らないと宣言したリアンコーポレーション（栃木県宇都宮市）という会社があります。

自分たちは、家を売って終わりの会社にしたくない。自分たちの建てた家で末長く幸せに過ごして欲しいので、決して無理なローンを組ませない。そのためには将来必要なお金を考えていただき、将来のために貯蓄を促すことが必要になってくる。ライフプランを受けていただくのが一番いいという五嶋社長の思いでリアンコーポレーションは、その取り組みを行っています。

この会社のすごいところは、営業マンが無理な売り込みをしないように、歩合給（売り上げに応じて給料を払う方法）もやめてしまったことです。住宅業界では歩合給が当たり前であり、営業のモチベーションアップの決め手となっています。しかしその会社は、それをやめて売り上げが落ちるどころか、大きく売り上げを伸ばしています。４年前の新築販売件数が年間20棟くらいだったのが、今では、売り上げも棟数も4倍になり、宇都宮市で販売数トップの会社にまで成長しました。

家族の幸せのための人生設計

家を建てることは人生を設計することであり、ライフプランの作成はハウスメーカーが勧めなくても、やっておくべきだと思います。ライフプランをすると、将来の厳しさがよくわかるので、無駄使いをしなくなります。車も外車から軽に変わるかもしれないし、外食も月5回が1回になるかもしれない。もっと大きな家を借り入れ可能額めいっぱいに使って買おうという考えもなくなります。

ハウスメーカーは大きな高い家のほうが売り上げも高く利益も多く、また営業マンの歩合給も多いので、そちらを勧めたがります。大きなかっこいい家ばかりを見せられると、どうしても少々多めにお金を払ってでもという思いが強くなりますが、子供が一緒に住むのはわずか15年。子供が学生になって出ていけばあとは2人だけの家。そのことに気づかせてくれるのがライフプランです。

家を目的にしてはいけません。家族の幸せのための人生設計（ライフプラン）があっての家ではないでしょうか？

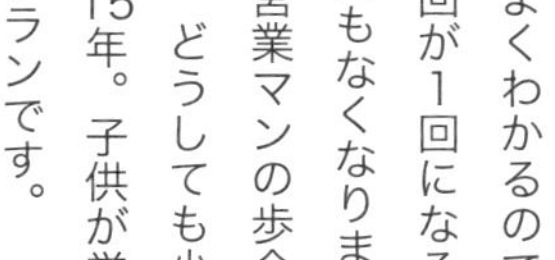

第2章

将来貸せる家を建てよう

～狙い目は戸建て賃貸！～

1、小さな戸建て賃貸人気でサラリーマンにも賃貸経営のチャンス

ひそかに起きている戸建て賃貸ブーム

不動産賃貸経営というと、資金がかなり必要ではないか、本当にうまくいくのか（入居者が埋まるか）などの不安を感じ、躊躇する方も多いと思われます。私が戸建て賃貸をおすすめするのは、それらの不安がクリアできるからなのです。

最近戸建て賃貸が再びブームになり、どんどん建てられ始めています。ある工務店ではあまりに利回りがいいので、大工さんや、瓦屋さん、設備屋さんが、土地を買ってでも、競って建てているそうです。

東京のように土地が高すぎるところでは難しいのですが、土地価格が坪20万円以下の都市では、戸建て賃貸経営で、土地を買って建てても利回りが7％以上、土地持ちなら10％以上取ることができています。賃貸もピケティ現象で、古いアパートでも家賃が安ければいいという人と、高くても戸建てに住みたい人に分かれてきています。

高くても快適な戸建て賃貸に住みたい人は、特に転勤族に増えてきています。といいますのも、

転勤族は会社から家賃補助があるからです。しかしニーズの割には物件がないので、戸建ては人気なのです。

また、戸建て賃貸が人気である別の理由としてはペットブームもあります。

最近のペットブームには凄まじいものがあり、一般社団法人ペットフード協会の平成27年調査では飼育されているペットが犬猫だけで１９７９万頭いるそうです。15歳未満の子供の数が約１６００万人ですので、飼育されている犬猫だけで子供の数を上回るという状況です。

ペットはいまや家族の一員となっていますが、従来の住宅事情だと賃貸のアパート・マンションでは特に鳴き声や臭いが近隣迷惑になるために、ほとんどのところがペット禁止とされています。

わずか1時間で満室になったペット可戸建て
（新潟県三条市・ＭＫプランニング）

利回り計算
288万（年間収入）÷2800万（建築費）×100
＝10.286％（利回り）

ペット可の物件はアパートでも、どこもすぐ満室になりますし、戸建てですとなおさらその心配は不要になり、入居者は待ち状態ともいえるでしょう。

小さな戸建てはサラリーマン賃貸にピッタリ

賃貸用のアパートを建てる場合は、家賃収入がよくても建築費が高くつくため、利回りが悪くなるケースが多くなります。

最低の規模でも、アパートですと80坪くらいの土地で2LDKの部屋が4戸程度のものにはなるでしょう。一般的なハウスメーカーですと建築単価坪は80万円程度なので、80坪の建築費が6400万円、1室の家賃が7万円〜8万円（不思議なことで2LDKの家賃はほとんどの地方で同じくらいです）とすると、たとえ満室になっても月の収入は28万円です。年間でも336万円で、利回りは5.25%となります。駐車場代を1台5000円取っても月30万円、年間360万円で利回りは5.63%です。何よりも80坪の土地代金と6400万円の銀行借り入れをしなければならず、サラリーマンにとってハードルはかなり高いものになります。

利回りとは、投資用語で、投資した金額で、年間いくらの利益が出るかです。簡単に1000万円投資して、年間100万円のリターンがあれば利回り10%といいます、利回り3%なら30万円のリターンがあることになります。

それに対して小さな戸建て賃貸はまさにサラリーマンが賃貸経営を始めるのにぴったりの商品です。小さな土地があれば建てられますし、建築費が安くてすむので、なんといっても利回りが非常によくなるのです。

土地は20坪あれば1棟建てることができます。40坪で2棟、60坪なら3棟建てることができます。建築費は1棟につき本体価格600万円で、消費税やその他工事（駐車場整備等）を入れても700万円でおさめることができます。2棟で1400万円、3棟でも2100万円ですので、これなら担保価値もあり、銀行でのローンの了解も得やすいでしょう。

まだまだ具体例は少ないのですが、全国で、先進的に戸建てを建てた会社はどこも完成前に満室となっています。例を挙げますと新潟県三条市で建てられた戸建て4棟では家賃は駐車場代を入れて6万円で、家賃収入は月24万円・年間288万円を得ています。建築費は4棟で2800万円ですので、利回りは10％を越えています。

余らせている土地がある方はお試しで数棟たててみれば、反響のすごさに納得されるはずです。それで反響がよければ次を建て増ししていけばいいのです。そのように試しに少なく建ててスタートできることも、戸建て賃貸のメリットです。

20坪で1棟建てられる小さい戸建て住宅。
60坪に3棟・土地があれば2100万円の銀行借り入れで3棟建てられる。
(45ページで紹介した女性向け戸建て賃貸のモダンデザイン例。コストは同じ)

間取り

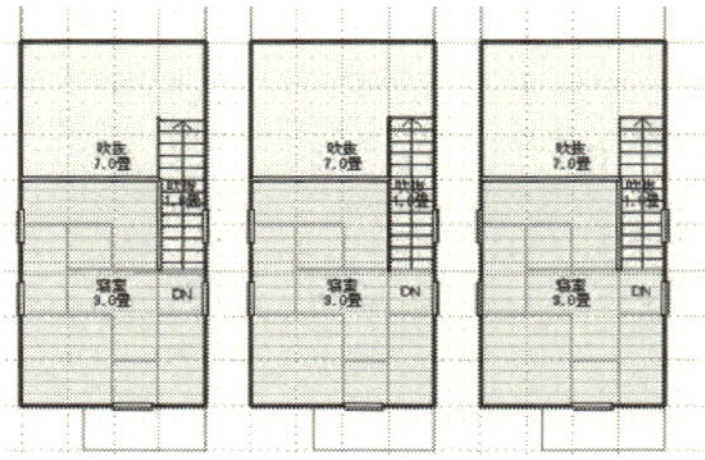

2階はロフトでベッドも2台置ける

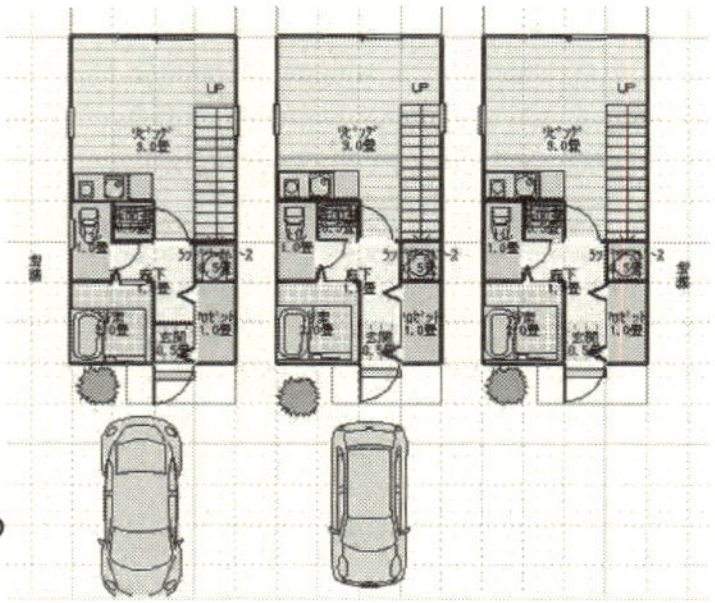

また、特にこれからの賃貸は30代以上の独身女性向けを意識して建てることがおすすめです。というのも、昨今は意外とリッチで住居にお金をかけられる女性が増えているからです。しかも彼女たちは部屋をきれいに使ってくれ、気に入れば長く住んでくれます。

後の章でも詳しく説明しますが、デザインをモダンにすればロフトを使うなどして、内部は広く使うことができますし、おしゃれなデザインでも、コストも安いまま建てることが可能です。狭い戸建てでも子供がいなければ2人でも十分に住めるので、新婚や同棲するカップルにも人気ですし、娘との親子同居などの需要もあるそうです。

シングル用の部屋では狭いし、３ＬＤＫのマンションでは費用が高いと考える、その中間に位置する、今まであるようでなかった商品となっています。

2、サラリーマンに賃貸経営が向いている理由〜資金と時間

賃貸経営のよいところは、手間がかからない点にあります。サラリーマンとしての本業をしっかりやりながら、副業として事業的に一定の収益が確保できる商売は、それほど多くはありません。

サラリーマンが副業をやる場合、普通は本業の空き時間や土日祭日、夜しか時間がとれません。

ところが本業で頑張るほど土日は休みたくなりますし、夜の仕事はさらにきつくなります。実際に、副業である程度稼ごうとした場合はかなりの覚悟がないと難しいものです（例えば株でもコンスタントに利益を上げていくには、相当な情報収集を毎日やらなければならない上、手間もかかるし値下がりリスクも大きくなります）。

その点賃貸経営は建てる場所や中身を見極めて運営を外部に任せれば、あとは自然にお金が入ってくるのです。

さらに、賃貸経営は、資金面で有利です。

というのも、どのような事業も最初の資金集めが最も大変なハードルになってきます。いくらいいアイデアを得て事業を起こそうと思っても、銀行は、よほどのことがない限りサラリーマンにお金を貸してはくれず、事業資金集めにかなり苦労します。

しかし現物担保があり、銀行にもリスクが少ない住宅ローンは別です。そこで、それを利用して2世帯住宅型賃貸住宅を建てるのがひとつの手になるのです。

ここでの2世帯というのは、実際に親と一緒に住むというものではありません。自分の家族が1棟で生活し、実際に親の2世帯入居が必要になるまで、余った1棟を賃貸として貸し出すのです。

このパターンですと、勤続年数3年以上であれば、ほとんどの人が購入の費用を借りることができます。「自分の家だけを建てる場合のローンは家賃並みで」とお伝えしましたが、賃貸を考えるのであれば年収の6倍まで借りても大丈夫です。ちなみにすでに自分が住んでいる家があり、自分が住みたくないところに土地がある場合などでも住宅ローンは借りられます。周辺にアパートがあるところなら自分が住む家を建てるといえば住宅ローンは通りますが、住んでいる家のローンがある場合はそれを精算する必要があります。

そして、賃貸としての実績が付いたら、次の戸建て賃貸を銀行の事業融資の形で借りて運営していきましょう。大事なのは、家賃収入をきちんと貯金することです。とにかく最初はコツコツやっていくことが大事です。自分の生活は家賃を払っているつもりで住宅ローンを払い、家賃収入はすべて次の投資のために残すのです。少なくても3年はそのようにして積み上げていきましょう。

その間に次の土地物件をじっくり探し、貯めた貯金で土地を買い、その土地を利用した次の投資計画をたてるのです。利回りのいい戸建て賃貸なら返済も早いし、手残りも多くなります。

しっかり残せば銀行の信用が違ってきて、次の借り入れに非常に有利になっていきます。事業黒字を出していて返済も確実ですと、さらに多額の資金が借りられるようになり、戸建て賃貸の件数を広げていけるようになります。

サラリーマンが副業できる３つの条件

１、手間がかからないこと
２、投資額が少なく、銀行が融資してくれること
３、利回りがいいこと（７％以上が理想）

戸建て賃貸経営が副業に向いている理由

１、手間がかからない

戸建て賃貸には共有部分がないので、廊下や玄関の清掃管理がいらない

２、投資額が少なく、銀行融資が受けやすい

小さい戸建ては１棟税込みで700万円、３棟でも2100万円と投資額が少ないし担保物件があるので、銀行は乗りやすい。戸建てを担保にして住宅ローンが使える。

３、利回りがいい

転勤族や、ペットオーナー向け賃貸は供給数が少なく、空きが出ない。比較的高い家賃で借りてくれて、女性は気に入れば長く住み続けてくれる。

戸建て賃貸は、手間がかかるので大手が手掛けず、需要の割に供給は増えていない状態ですので、しばらくはチャンスでしょう。

はじめは小さな賃貸経営かもしれなくても、きちんとやっていれば大きく育ちます。それが賃貸経営です。

3、目標は3棟の戸建て賃貸オーナー

土地のある人は2世帯プラス1棟を目指す

土地がある人は、まず自分の持っている、もしくは親のものなどで、使うことができる土地がどのような戸建てに向いているかを検討しましょう（詳しいケースはこの本で紹介していきます）。もし60坪以上の広さがあってまだあなたがマイホームをもっていない場合は、銀行と交渉して2世帯プラス1棟で3棟建ててみましょう。親が本当に住む場合は1棟を貸し出せばいいですし、まだの場合は2棟貸し出すことができます。

すでにマイホームをもっていて、土地がある場合は、やはり広さに合わせて20坪1棟を基準に、

2棟～3棟のオーナーからはじめるといいでしょう。3章4の「親の土地も有効活用」の項目も参考にしてください。

土地のない人はまず土地を手に入れる

活用できる土地をお持ちでない方が戸建て賃貸を行うためには、まず土地オーナーになることをお勧めします。賃貸経営で一番大切なのは、銀行ローンです。サラリーマンが資産活用を考えた時、まず銀行の担当者がみるのは、土地の担保価値と融資先の事業実績です。しかしサラリーマンに事業実績はありませんので、土地の担保価値が重要になります。

ですので貯金するつもりで土地を購入するところから、はじめてみてはどうでしょうか。遠回りのようですが、それが一番堅実な方法です。

土地価格は坪20万円までで考えます。60坪程度の土地ならわりと、物件が多く見つかります。まずは毎日探してこれはと思ったら、土地を購入することです。

土地まで含めた事業用銀行ローンは、ハードルが高い上、賃貸は事業資金融資になるので、実績のないサラリーマンが融資を受けるのは難しくなります。でも土地があれば、担保価値が上がるので、利回りの良さを説明すれば、融資の可能性はグッとあがることになります。お金がなくても、土地だけなら5年程度のローンで買うことができますし、ローンが返し終わっていなくても、住宅会社が決まれば、土地のローン残も含めて住宅ローンを組むこともできるのです。

60坪の土地を先に購入する方法は、時間がかかりますが、着実です。2世帯プラス1棟が狙えます。もし、とにかく早く試してみたいのであれば、住宅会社にお願いして、2世帯住宅用の土地を探してもらって建てましょう。先に2棟建て、あとからもう1棟建てるのは難しいかもしれませんが、それでも1棟の賃貸オーナーですから、その後は、土地購入まで含めた銀行の事業融資が付きやすくなります。

1棟分の賃貸経営をしながら土地を探し、もし銀行の了解がとれるのであれば、土地まで含めた融資を受けてまた3棟増やしていくのです。銀行融資は、実績評価と担保です。最初は時間がかかりますが、じっくりやりましょう。

理想のパターン

1、土地のない人は土地を買うか、2世帯住宅として、住宅ローンで建てる

2、土地のある人は、銀行と交渉して2世帯プラス1棟で3棟建てる

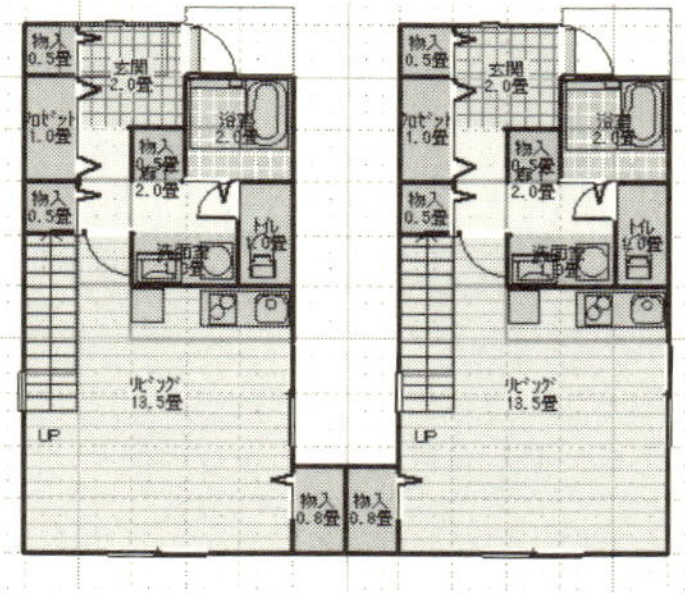

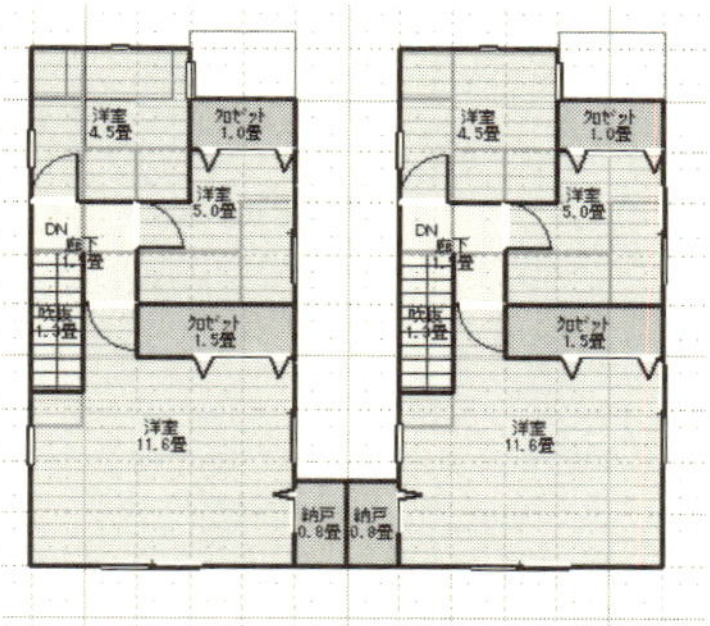

家族３人が住むには十分な広さであり、賃貸収入は月 10 万円を越える

シミュレーション

建物価格	建物価格	2200 万円
	消費税８％	176 万円
	諸経費外溝	200 万円
	建物合計	2576 万円

・2600 万円を住宅ローンにする場合

住宅ローン返済額（建物のみ）35 年返済２％　　月　85000 円

家賃収入　　　月　100000 円

手残り（差額）　　月　15000 円

土地を買うと 50 坪 x 20 万円として　1000 万円

土地建物合計　　3576 万円

・3600 万円を住宅ローンとした場合

住宅ローン返済額 35 年２％として　　月　118000 円

この場合は少し手出しになるが、マイホームが月 18000 円で手に入る

4、賃貸経営の心得①～市場のニーズをつかむ

ニュースは見るな、現地に行け

「山本さんは情報収集をどのように行っていますか」とよく聞かれることがあります。私の情報収集方法は現地で聞くこと且つ、聞いた話をネットで調べて確認すること。現地とネットの順序が逆になることもありますが、その2点を重要視しています。

利回りのいい投資や話は決してニュースに出ることはありません。ニュースというのは、世の中のごく大雑把な動きと傾向がわかる程度で、99％はどうでもいい事柄であり、その上マイナス思考に陥りやすい点がたちが悪いと、私は常々感じています。

ニュースを見ても得することはないので、まずテレビを消しましょう。人口動態から大雑把な流れをネットなどで確認した上で、実際に足を動かして、人に聞いてみましょう。アパート経営者仲間なら、現状を聞き、どうするつもりかと聞くのです。投資家は投資家の情報を持っているものですから。

今地方の大学は少子化で学生が集まらず、北京や、タイ、ベトナムで学生募集をやっていて、

その学生たちが居酒屋でアルバイトをしています。彼らとの話のほうがよほど参考になるのです。

彼らは母国ではエリートであり、かなり上流階級でないと日本には来られません。彼らこそ次世代の入居者です。偏見なく対応すれば、その後輩が日本に来る時も、彼らのネットで紹介されます。今シングルの部屋が満室なのは、結婚しない男女と、彼らのおかげです。海外からの旅行者に民泊が人気なのは安いだけではなく、そのような留学生のことを考えたサービスを提供しているからなのです（一部の民泊では、英語、中国語、最近はベトナム語の観光案内もあり、聖書だけでなくイスラム教のコーランまでおいてあるそうです）。

ネットは聞いた話を確認するのに大変役に立ちます。スマホの時代になってどこでもネット検索できるのは、すごいことなのです。しかし何を知りたいかがないと、スマホもただの携帯電話。本当に知りたいことは人の話の中に出てくるものです。人の話を感度よく聞くことで、いろいろなチャンスが見えてくる。そのチャンスは自分で見たり、検索したりして確かめるようにするといいでしょう。

20年後を想像し入居者が喜ぶ家を建てる

賃貸事業でも失敗者は多いのが現実です。アパートをたくさん建てたものの入居率がガタ減りし、自宅を売ってかつて自分が所有していたアパートに入る人もたくさんいます。きついことを言うようですが、賃貸を事業として考えなかった本人にも問題があると思います。

今アパートに空きが多いといわれていますが、空いているのは2LDKで、シングルは埋まっている状態です。古い木造や場所が悪いアパートはガラガラですが、おしゃれなアパートや戸建て賃貸はどこも満室であり、物件として出て来ないので不動産会社の情報に載らないだけだったりもします。

事業で大事なのは投資金額に対するリターン、つまり利回りがいくらあるかということです。時代の流れで、賃貸需要も変化します。それに合わせたアパート経営をすべきであり、どれだけの投資で、どれだけのリターンがあるか、最大リスクはどれくらいか、考えて行うべきです。

純粋に自宅用を建てる時も同様です。20年後も同じ家に住めるかどうかはわかりません。自分が住むことだけ考えて建てた家は、売るのも貸すのも非常に難しくなります。

家の価値は売る時だけではありません。何度もお伝えしているように、むしろ賃貸価値を評価したほうがいいのです。賃貸価値は場所によっても大きく異なり、土地が安いのはそれなりの理由があります。そこをよく見て、もしそこに建てるなら、いくらで貸せるか、事前にチェックをすべきでしょう。

賃貸ミックスの考え

賃貸住宅の利回りを10％以上にするには、今までなかった顧客を狙うことが必要になってきます。これからの賃貸経営は、ターゲットを絞った商品が狙い目です。

ターゲットを絞ると他社にはない賃貸住宅ができるので、ＵＳＰ（差別化）が作りやすくなりますし、価格設定に有利に働くので利回りもよくなります。また一度入居すると、なかなか出ていかないので、空きリスクも少ないのです。

ただ市場が小さいのと、15年で市場が変わることを考えると、これからは賃貸ミックス（いろいろなターゲットを織り込んだ建物を建てる）の考えをおすすめします。

20年後の市場の予想はできても実際どうなるかはわかりません。ですので返済を20年以下（できれば15年）にするほうがリスクは少なくなります。そして、建てる時にいいからと、２ＬＤＫばかり建てるのでなく、シングルもミックスしておけばリスクは少なくなります。戸建ては今非常に高いニーズがありますが、これも、20年後はわかりません。戸建て賃貸でうまくいき、さらに手を広げていきたいとなった場合などには、シングルのアパートなどもミックスしておくほうが確かです。

高齢者住宅だけは20年後も大丈夫といえますが、それでも、もっと安い、アパート改装型老人ホームが予想以上に増えるかもしれません。

そこで例えば高齢者住宅の隣は若い新婚向けの戸建て賃貸を4棟建てるといった具合にミックスするのです。高利回りの商品で15年で銀行返済しておけば、どれかがダメになっても他の賃貸が稼いでくれます。また、他が稼いでくれれば、ダメな賃貸を大幅改装してその時代にあった賃貸物件に変更することも可能です。大事なのは15年、20年後もしっかり賃貸経営で稼げることです。

5、賃貸経営の心得②〜リスク回避

リスクを恐れすぎるな

私はこれまで20年くらい全国で土地活用セミナーを行ってきました。セミナーに参加した方は、皆さん熱心にメモをとって質問されたりするのですが、聞けばその後、本当に戸建て賃貸を建てる人はごくわずかだそうです。

戸建て賃貸に踏み切れない原因の一つはリスクを恐れるからだと思いますが、私は逆に、今の時代は、もう何もしないほうが機会損失のリスクだと思っています。

投資にはリスクはつきものですが、そのリスクを理解して、最小にするのが事業であり、経営なのです。リスクを最小にする道は必ずあり、それは成功している人に学べばいいのです。

それにリスクをとりながら人より先にやるからこそ利益が出るものです。儲かるか儲からないか、いろいろな例を知って充分吟味した上で始めると、ビジネスの最盛期は終わっている場合も多くあります。

リスクを考える場合、最悪どうなるか、最高でどうなるか、ある程度計算することができます。加えて、やらない場合はどうなるかも考えてみるといいのです。そうすると、リスクは思ったほど高くないことに気が付くでしょう。すると脳も納得して、あとはどうやって実現するかだけを考えればよくなります。

人が生きていくのに常にリスクはあるので、リスクは恐れるのではなくどうすれば減らせるかを考えるべきです。最悪でも自分の命があれば、それはリスクといえないかもしれないと思えませんか。

賃貸も事業なのだからリスク回避が必要

賃貸業のリスクとして一番大きく、且つ頻繁に起こり得るのは、時代の変化による空き部屋の発生です。賃貸業はビジネススパンが長く、20年30年と経営していくため、その先の変化をある程度予測し、リフォームなどで対応できることを考えておくべきです。

事業であるので、情報収集し、セミナーに参加し、時代の変化を先取りしなければなりません。当然利回りがよければ、競合も増えてくるので、その時のことも考えた建物にしなければならないのです。

時代の変化はキーワードにして理解するとわかりやすいでしょう。例えば独身男女の急増、長期入居者の増加、高齢者入居者の増加、高級化と低価格化（収入格差）。これからはアパート経営にもビジネスに求められるＵＳＰ（戦略的差別化）が必要です。ありふれた建物、装備では価格競争しかないのです。

それでも建築費を安く抑えていれば、経営は成り立ちます。建築会社を選び、少しでも商品力の高い建物をできるだけ安く建てる、また将来の需要変化に対応しやすい建物にしておくべきなのです。今ですと、例えばドア幅を広くしておくか、必要に応じて広げられる構造にしておくとか、トイレ洗面を将来くっつけて介護対応しやすくリフォームできるようにしておくなどはおすすめです。高齢者のアパートニーズは今後急増すると思われますが、それはまだ10年後のことです。ドア幅を将来広げるためには仕切り壁を非耐力壁にし、取り外しても、建物強度に関係なくするだけですが、これは新築で考えておかないと、あとでの対応は難しくなります。新築時は建築コストはあまり変わらないのですが、あとで変更すると非常にコストがかかるか、構造によってはそうすることが不可能です。

商品力こそ満室保証

加えて、事業として考えていない人が引っかかるのが、ハウスメーカーの家賃保証（注1）です。相手が大手だから、保証も大丈夫だろうと信じて、契約書をしっかり読まずに契約してしまい、10年後に後悔するのです。

ほとんどのハウスメーカーの家賃保証は10年で終わり、その後の保証は2年に1度の家賃見直しと10年毎のリフォーム工事が条件となっています。新築時の返済計画は新築時の家賃を元に算出されます。しかし家賃が下がり、収入が減れば、返済計画そのものが成り立たなくなります。また10年後から、家賃収入に対する税金が大幅にあがります。原因は元金が減り、金利負担が少なくなると、その分経費が減り、自動的に税金が増える仕組みによるものです。確かに空室の家賃保証はしてくれますが、もともと新築10年は空室が発生しにくいので、保証会社は10％の保証料でしっかり儲かる仕組みになっているのです。

ところが10年たつと家賃を下げなければ満室にならなくなり、あげく、返済滞納や破産に追い込まれて、自殺したり、アパートを取り上げられたり、自分の建てたアパートに家賃を払って入居しているという悲劇をよく耳にします。

もし家賃保証に、家賃収入の10％も払うのなら、建物に10％予算を回したほうがいいのではないでしょうか。10％を回せば、10年後、20年後でも満室にできる建物が建てられます。そのような意味でも私は、ハウスメーカーではなく、いいビルダーを探して建物を建築するべきだと考えます。

もともと地元ビルダーはハウスメーカーより20％～30％も安いので、建物にお金をかけても、ハウスメーカーより10％以上安く建築することが可能です。建築費を抑えて、商品力を高めるというのは、事業では当たり前のことです。

（注1）　ハウスメーカーの家賃保証の仕組み……家賃の10％程度の保証料で、空き部屋が発生しても、その部屋が

埋まるまで、家賃の80％を保証するもの。メーカーや保証負担額により金額に差があるが、ほとんどのメーカーで共通するのは、保証期間が10年ということである。保証の継続には決められたリフォームと賃料見直しが必要。

戸建て賃貸のリスクを考える

最後に、戸建て賃貸のリスクを整理してみましょう。

最初にお伝えしたように、今は予想外の出来事によりローン破産の可能性という厳しい現実があります。そうならないためにはまず月のローンを家賃並みの小さな家にすることです。アパートよりは広い家に、月々同じ支払いで住めるならいいと思えばいいのです。

24坪くらいの家なら土地も小さくてすみます。それでも一般的な、賃貸住宅2ＤＫ（約40㎡約12坪）の倍の広さがあり、広めの3ＬＤＫが取れます。

土地が小さくてすむので、土地価格が安くつきます。土地価格で家賃も左右されますが坪20万円くらいとして、30坪なら土地代が600万円。適切なビルダーにお願いすれば、建物価格を含めても2000万円以下で購入可能です。このパターンでいきますと、返済ローンは月6万円程度（35年返済）です。万が一何かがあって貸すことになっても、戸建て賃貸として8万円～10万円は取れるので、自分は安いアパート（月4万円程度）で暮らせばよいのです。そうすれば家賃収入のほうが高いのでローン返済が家賃収入だけででき、余りが出ることになります。

さらに戸建て賃貸を行う時に考えられるリスクについて検証していきましょう。

1、入居者が集まらないリスク
→普通アパート並みに安くすれば入るので、収入が減るだけ。安くしても、建物が安いので銀行返済は確保される。
2、ペットで建物が汚される
→入れ替えの時クロス床は敷金で補修するため家主にリスクなし。
3、将来若者人口が減って空き家になる。
→結婚しない男女増加の傾向からみても、入居者はそのまま高齢者になり、空き家にならない。空き家になってもペット可の物件は高齢者も入る。ナースコールをつければ、さらに高齢者集客できる。
4、火事、地震、台風被害による損失
→一般の火災は火災保険で賄える。地震はパネル耐震住宅にしておけば損害が出

ない。万一、地震による火災でも、地震保険に入っておけば50％は出る。台風による被害は火災保険で出る。

他に何かリスクはあるでしょうか。私には考えられず、この点からもまさに、今建てるなら戸建て賃貸とお伝えしたいのです。

コラム2 独立への道のり

私は立山アルミ（現三協立山アルミ）に勤め始めている時から、いつかは独立したいと思っていました。しかし実際は48歳の遅すぎる独立でした。

入社してから立山アルミ大阪支店で、営業で外回りをしてお客様に会う毎日を送っていました。一方で本当は努力していたと思うのですが、当時私の目にはあまり努力していないと映っていた、サッシ販売店をやっている社長は、自分の数十倍の所得がありました。世の中には使う人（経営者）と使われる人（従業員）の2種類がいて、使う人にならなければ決していい生活はできないと思っていたのです。チャンスさえあれば独立したいと、赤帽のチラシに問い合わせをしてみたり、訪問販売商品を検討したりもしていました。

そのうち立山アルミで営業成績が上がるようになり、本社に呼び戻され、販売推進課を設立して仕事を任されるようになると仕事が面白くなり、独立のことをしばらく忘れていました。

販売推進課として社内営業講師をやり、新規入社の営業職には、人生のステップアップを指導していました。「20代は仕事をがむしゃらにやり学ぶ期間。30代は主任、係長になり、管理職の時代。同時に結婚して子育てと、目標をもってチャレンジする時期。40代は家を持ち、部長になり経営幹部として、より多くの人を使って成果を出す時代。部下の指導、育成が大事な時代。そして50代はコンサル営業をして、お客様のコンサルをする時期。できれば独立し、人生の残りを自分のやりたいように生きる」と伝えていました。

ところが本社勤務を始めた頃から会社の急成長が止まり、課長ポストが不足しだしました。「夢をもって仕事をしよう」という私の指導が役に立たないどころか、自分もこのままでは、せいぜい部長止まりと意識するようになり、何かしなければと本を出版したのです。そして資金のいらない工務店向けコンサルタントとして独立をしました。人生早いもので、気が付けばもうすぐ50になっていました。

実際、資金のない人間が独立して、なにかを始めようとするのは大変です。本当に独立したいのなら、甘い考えを捨てて、計画的にやらないと不可能でしょう。

まず自分には何ができるか、何が得意か、自分の棚卸しをしなければなりません。その上でどんなビジネスができるか、お客様は誰で、どのようなサービスにどのくらいのお金を払ってくれるかを考える必要があります。少なくても事業資金が貯まるまでは、訪問販売でもトラック運転手でも、何でもやる覚悟が必要です。

私の場合、自己資金500万円に加えて、会社員時代のお客様や協力業者など、出資してくれる人を5人探して合計1000万円でコンサルタント事業を始めました。しかしパートの事務員を一人雇い、あとは事務所の改装や、敷金、礼金、ファックスや事務機器で、1000万円のお金は3ヶ月で底をついてしまったのです。

それでも最初の1年は、今までのお客様が講演やコンサルタント、社員指導の仕事をくれるなどして黒字になりました。しかし日本ではコンサルタント業で稼ぐのは非常に難しいと気付き、イギリス住宅のデザインでフランチャイズを立ち上げることにしました。

その資金を調達できたのは、自宅を持っていたことです。担保にはしませんでしたが、その時家を持っていることは信用なのだなと気が付きました。国民金融公庫（現政策金融公庫）は新規独立でも融資してくれることがあります。しかし、誰にでも融資するわけではなく、しっかりした保証人がいるか、担保がある場合に1000万円までの融資が受けられるのです。銀行と違い、社長本人の保証は認められません。当時は妻を保証人にして、担保なしで借りることができました。

独立を少しでも考えている人は、まだサラリーマンのうちに住宅ローンを組んで家を持つことと、まず300万円は自己資金を貯めることが必須です。それがあれば、たとえ独立しなくてもいい人生は送れると思うのです。ただ仕事をしているだけの人と、独立を考えている人は仕事の熱の入れ方が違います。一生懸命仕事をすることは、結果会社のためにもなります。研修で、50代で独立しなさいと伝え、実際に独立した人はわずか数人でしたが、その人たちは会社在籍中に素晴らしい成果を残していました。

独立するには、それなりのノウハウが必要ですが、そのノウハウは実は熱心にする仕事の中にあるのです。そのような意味で独立を目指す3ステップ（・一生懸命仕事する・お金を貯める・自分の棚卸をする）は正しいと思っています。

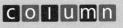

第3章

戸建て賃貸用地の選び方・探し方

1、建物の目減り分も利回りと考えよ

建物の価値は20年でゼロになる～売る時は土地価格

お伝えしましたように、新築でいくらお金をかけて家を建てたとしても、家の価値は20年でゼロになります。50坪でも20坪でも売る時は変わりません。

日本では中古住宅売買が少ないので、中古住宅を資産として評価する仕組みがなく、売れた価格で建物価格が決まっていました。いわゆる相場価格です。

それによりますと、新築3年で売り出されたまだ新築に近い中古住宅の価格は、新築の60％くらいとなります。つまり、建物価格は、20年でゼロになるといっても一気に下がるわけではなく、最初の5年で50％（新築価格の半額）、10年で30％くらいになります。

何故、欧米では築数百年の中古住宅が新築とあまり変わらない価格で売買されているのに、日本ではそのようになってしまうのでしょうか。

それは、欧米では湿気が少なく、レンガ作りや、後に説明する2X4住宅が多く、建物が傷みにくいという現状があります。（日本でレンガ作りや、2X4住宅を建てるとカビが出やすいの

でこれまであまり使われてきませんでした）。

また欧米の中古住宅は使いやすいように、最新住宅設備にされていますので、新築のように快適に生活することができます。それにつられて新築価格も安くなければ売れないので、合理化のできるビルダーしか残っていないからです。

一方、日本は湿気と降雨が多く、家も木造が多く、特に古い家のシロアリ被害が多いという状況です。シロアリ被害は外観では評価しにくいので、建物価値をつけにくい面もあります。ですので、築20年以上の中古住宅は、大きなリフォームをする前提で、価格が付くのだと思います。

そこで、将来の土地価格を考えた土地探しこそ重要となるのです。戸建て賃貸を考えるときは決して、環境がいいからと、田舎の土地を選ばないことです。

売りやすい・貸しやすい土地は将来も値下がりしない

大事なのは将来もあまり値下がりしない場所を選ぶことです。買う時は、周りの土地価格より少し高くはなりますが、予算がない場合でも、その分狭い土地を買い、建物も小さく建てるほうが絶対におすすめです。

今人気の高い土地は、おそらく将来も人気の場所であり続けるでしょうし、少なくとも一気に衰退することはないと予想されます。そのような場所に賃貸を建てれば入居が決まりやすかったり、いざという時に売りやすくなります。

ただ人気のある場所はすでに、周りの土地より高い場合が多いので、少し注意をして、やや範囲を広めに土地価格を調べてみるといいでしょう。

もちろん、今人気のない場所でも、急に人気の場所になる可能性が絶対ないわけではありません。例えば、数年前に富山県と石川県の県境にある小矢部市に巨大なアウトレットができました。

小矢部市は富山県の西部にある人口わずか3万人の市です。少子高齢化の見本のような過疎に近い市で、富山市に行くにも40分以上かかり、むしろ金沢のほうが近い場所でした。ですが若い市長の活躍で、三井アウトレットパークの誘致に成功し、バイパスが整備され、人口60万人の金沢市のどこへでも30分でいけるようになったのです。

石川県は土地価格が富山県の倍以上しますので、巨大な土地を必要とするアウトレットは作りにくく、バイパスを整備することで、富山県の客以上に金沢の客を見込んでいました。

実際に、来客割合は、ちょうど石川県と富山県で半々の45%で、それ以外の県からも10%くらいはあるようです。そのおかげで小矢部市の人気があがり、人口も少し増え、同時に下がり続けていた土地価格も上昇したのです。アウトレット関連だけでも１０００名くらいの人口増加ですが、それに合わせて、小矢部市は、おやベルネッサンス総合戦略を立て、若い人が住みやすい、環境整備に力をいれています。市長の政策が功を奏した事例です。

ただこのような話はごく稀であり、地方は多くの場所で土地価格は下がり続けているのが日本の現状です。

もしあなたが、土地価格が下がりそうな地域で働いていたり、自分が住んでいる土地が、地方都市の場合や辺鄙な場所で、そこで家を買おうとしていたり、親の土地がそのような場所にある場合でも、とにかく小さめの家を建てることをおすすめします。

ちなみに、戸建て賃貸以外で一番おすすめな投資賃貸は、耐用年数の高い、中古ビルマンションを大都会で探すことです。仕事で東京に住めない方でも、なるべく都会で、人気のある場所の中古住宅、それも、できればビルマンション。なければなるべく築年数が浅く、周りに小学校や、アパートのある立地の中古住宅をお勧めします。

築15年ぐらいの物件は結構あり、それぐらいなら、リフォームも少なく、安く買えます。いい場所であれば、売る時も、あまり損をせずに売れます。中古住宅だと借り入れローン金額も少なくてすみますので、売る時にはほとんど完済していると思います。

2、これから買うといい土地・ダメな土地

土地選びのポイント①～土地価格に注目

それでは、売りやすい・貸しやすい、人気のある場所とは具体的にどのような場所かをもう少し細かくみていきましょう。

将来人口が増えるかどうかを正確に把握するのは難しいことですが、土地価格に注目すると、ある程度判断は可能です。たとえ土地価格が低くても、この数年下がっていない場所や値上がりしているところはさらによいでしょう。そこはつまり値上がりしても売れる人気の場所ということです。

人気の場所というのは、学校や病院に近い、大きなスーパーに近い、職場に近い等、何かしらのメリットがあって、高くても買う人がいるということです。

全国で見ると、首都圏と地方の県庁所在地が、安心して投資できる場所といえます。土地価格は全国的に値下がり傾向にありますが、県庁所在地はどの県も下がっていません。ただ、住所だけで判断するのは危険です。というのは、近年の市町村合併で、とんでもない田舎まで、所在地

の市と同じ住所になっているからなのです。

ここでのおすすめの土地というのは旧市街を指します。旧市街に近いほど土地価格は高く、値下がりはしていません。

交通のインフラ整備によっても土地価格は変動します。ただし、こちらも、交通の便がよくなれば、必ず価値が上がるとは言い切れません。

例えば北陸新幹線の開通で、金沢の土地の値段は上がりました。しかし同じ北陸新幹線沿いでも、富山の土地はそれほど上がっていません。これは、北海道なら札幌、九州なら福岡というように、北陸なら金沢が地域を代表しているからではないでしょうか。

ほとんどの会社が北陸に支店を出す場合、まず金沢に出し、その後他県に出店しています。人口統計でもそのような地域を代表する場所は増えているし、その他は減っていることがわかります。

人口が減り始めると、魅力ある店舗も減り、小学校も廃校になり、病院も移転して、ますます魅力のない街になります。するとさらに若い人ほど出ていき、人口減少に歯止めがかからなくなっていきます。

私が住む富山県にも、空き家が急増している地域が多くみられます。空き家になっても、売れないので、不動産会社も扱おうとせず、いつまでたっても空き家のままです。

そのような場所に、親が住んでいた空き家を持っている同級生の話によると、市役所が時々、人が住んでいるかどうかを調査に来るとのことです。市職員は、電気水道、ガスの使用量が少ない家から調査しているようで、同級生は、日曜日毎にその家に行き、電気、水道を使うようにしていると話していました。

特定空き家と認定されると、土地評価額が更地並に6倍になるため、固定資産税は約4倍になります。同級生は売りたいのに売れないのだと、苦労していました。将来人口が減りそうな場所は、もうすでに土地価格も中古住宅価格も安くなっています。

土地選びのポイント②～小学校の統廃合予定に注目する

結婚して新婚夫婦が家を探し始めるのは、ほとんどの場合子供ができてからになります。特に不用意に転校させてはかわいそうだと、子供が小学校に入る前に家を購入する家庭も多いでしょう。そのような意味で、小学校の近くの家はいざ売ろうとした時に買い手がつきやすいといえます。

また、賃貸の面からいっても、未就学児の子供がいて家を買おうと考えている夫婦がお試しで、入る小学校が近い賃貸物件に住んだり、転勤族は子供が小学生であることも多く、その場合も学校の近くの家をまず探します。そのようなことからも小学校の近くは、おすすめの場所といえるでしょう。

ただし、小学校の近くならどこでもいいとはいえません。最近過疎化地域で小学校の子供を持つ親の間では、小学校の統廃合の話で持ち切りです。自分の子供の通う小学校が廃止されるのではないかと不安に思っているのです。

小学校の廃止の検討は10年ぐらい前から始まっており、通っている小学生の数の減少が著しかったり、近くに別の小学校があって、そこに統合してもあまり問題にならないようなところが対象になっています。

人口動態を見てもわかるように、子供の数が減少しているため、小学校を減らして統合しなければ小学生一人当たりの経費がかかりすぎるのです。しかし、いざ廃校となると反対も多いので、各自治体は10年ほど前から告知し、徐々に廃校の手続きを進めていっています。

近くの小学校が廃校になるかどうかは、決定していれば市役所で確認できますし、不動産屋もそのような情報には詳しいです。なぜなら、廃校がうわさされただけで、その地域の土地価格は大幅に下がるそうなのです。逆に統合する側の小学校の近くの土地や、中古住宅の価格は上がります。その見極めを早くすれば、不動産屋の土地が売れるのです。

特に統廃合の心配のない小学校や、統合する側の小学校に近い家は将来、貸しやすい、売りやすい家になります。

土地選びポイント③～駅から遠くても大丈夫な賃貸もある

時代が変わると賃貸ニーズも変わります。今までは駅近くのアパートのあるところが賃貸経営には向いているといわれてきました。しかし車社会になり、もう駅近くは賃貸条件ではなくなりました。

もちろん子供のいる家庭にとっては小学校、中学校が近いほうがいいという条件は変わりません。しかし子供のいない家庭が増えてきたため、かならずしもその条件にあてはめなくても大丈夫な場所も出てきているのです。

例えば結婚しないシングル世帯、離婚母子家庭、結婚しても子供を作らない家庭、子供が巣立っていった世帯、今はこのような家族が非常に増えてきています。単身世帯が急増し、日本は人口は減り始めているのに、世帯数だけが増えています。そして子供のいない家庭が増えているので、平均世帯人数が1950年は5人近かったのが、2016年には2．49人まで減っています。また、離婚件数も毎年20万組以上になっています。

新潟南区で独身女性向け戸建て賃貸で成功した場所は、旧三条市で人口わずか10万人の町です。従来型のアパートはほとんどなく、こんな所で賃貸経営?と思うようなところです。

でもやってみるとすぐに入居予約が殺到し、建てるそばから満室になっています。入居者はまずは、ペット可の賃貸を探していた独身女性です。車で通勤や、買い物にも出かけますので、駅近くの必要はありません。子供もいないので、学校の近くでなくてもいいのです。

他には、子供のいない夫婦も多く、その場合は2台分の車庫を使ってくれるので、駐車場代がプラス賃貸料になるそうです。今までアパートに向かないといわれた人口10万人程度の地域でも、小さめの戸建て賃貸なら試してみる価値がありそうです。建築費の高いアパートを建てようとするとかなりの決断ですが、独身者向け戸建て賃貸なら2棟で1400万円です。

時代の変化に合わせて、賃貸住宅のニーズも変わります。最初に土地の条件ありき、だけではなく、時代のニーズに合わせて、その土地にあった賃貸も考えてみるべきです。

例えば伊豆半島など、観光地に近い場所でしたら、高齢者向け賃貸戸建て住宅や、手間はかかりますが、民泊なども面白いと思います。

介護会社と提携して、ナースコール（携帯テレビ電話）をつけてバリアフリーにするだけで、高齢者賃貸住宅になります。古いアパートの1階部分だけ高齢者賃貸住宅にする方法もあります。

それこそ本当の田舎に住みたい団塊世代向けに、リゾート賃貸があってもいいのではないかと思います。まだ元気なうちに景色のいいところで暮らしてみたい。かと言って、買ってまではと思っている団塊世代に10年賃貸の仕組みを提案してもいいかもしれません。

海岸沿いは東北大震災で人気がなくなり、土地が売れなくなりました。しかしかなり安くなった結果、サーファーが家を借りたり、買うようになってきているそうです。津波の来ない少しだけ高台に、そのようなリゾート賃貸を建てると、元気なうちだけ住みたいと考える団塊世代にもうけるのではないかと思います。


突き詰めて考えると、こんな土地ならお勧めということに絶対はなく、もし運良く土地をお持ちでしたら、それなりの活用方法を考えるべきです。市の人口が10万人以下ですと若い人向けの賃貸は難しいですが、高齢者向けならやっていけるでしょう。

人口が7万人以上なら、独身女性向け賃貸、10万人以上、もしくは県庁所在地への通勤時間が30分以下なら、3LDK戸建て賃貸、20万人以上なら独身女性向けペット可ワンルームのアパートが可能です。

土地が自分のものであれば、銀行融資も受けやすくなりますので、可能性は大きく膨らみます。

賃貸経営は人口で決まる

1、人口5万人以下　賃貸経営は難しい（大学や工場に近いなどの条件があれば可能）

2、人口5～10万人　女性向け戸建て賃貸

3、人口10万人以上　ファミリー戸建て、女性向け戸建て、高齢者住宅

4、人口20万人以上　集合アパート、高齢者住宅も可能

3、土地は購入前に地盤調査を

地名でわかる土地の良し悪し

日本は大陸プレート、フィリピン海プレート、南海プレートのぶつかり合う地震の巣であり、地震があるのが当たり前の国です。ただその周期が人間の時間周期よりはるかに長いので、そのことを忘れてしまうのです。近年起こっている数々の大地震が日本が地震国であると思い出させてくれたに過ぎないともいえます。

地震で多いのが、地盤の液状化による家の傾きです。土の中の水分が、地震による圧力で水になり、さらに泥水になって動くという仕組みです。そのような地盤の上に建っている建物は、躯体の強度には関係なく、鉄筋の建物でも木造でも大きく傾いてしまいます。

気に入った土地が見つかったら、不動産会社に相談してみるのがいいでしょう。最近の不動産会社では、販売する土地に、地盤調査をつける所も多くなりました。または地盤調査会社を紹介してくれるので（費用は7万円ほど）、買う前に調査することをお勧めします。

どちらにせよ建築前には地盤調査をすることになるので、その費用を先に払うだけです。どんなに丈夫な家でも、地盤が悪ければ全く意味がありません。買う前に調査するか、地盤調査済みの土地を選ぶべきです。

加えて地名で液状化しやすい土地は推測することができます。

液状化は、地下水位の高い地域で起きます。田、川、沼、池、沢、潟の名前がついている地域、例えば大沢とか、池田、沼田、今泉、大津など、昔水があった場所は、埋め立てでできた土地が

写真は柏崎市の震災２日後の写真。どちらの写真も道路にも液状化による、泥水跡が見られる。震度７の激震で多くの古い家屋が倒壊したが、比較的新しい手前の住宅は明らかに液状化による被害と左側の奥の建物が無事なのは地盤の差と思われる。

多いですが、埋め立て地は、外観でわかりませんので地盤調査なしで、買ってはいけません。地盤調査で、硬い層がすぐ下にある場合はいいのですが、このような地名のところは、堆積層が厚く、非常に液状化しやすい土地が多いです。

柏崎の地震でも大きな被害が出たのが、海岸沿いの元田んぼの地域です。同じ頃建てた団地でも、元樹林など液状化のなかった団地はほとんど被害がなく、すぐ隣の液状化の起きた団地は、家が大きく傾いたり損傷したりしていました。

田んぼの埋め立て地では、建物の揺れが大きいだけでなく、液状化が起きると、基礎が壊れてしまうので倒壊する場合が多いのです。

4、親の土地も有効活用

あなたが親からの相続や生前贈与で土地をもらったらチャンスです。よほど辺鄙な場所でない限り、戸建て賃貸を建てるべきです。

目安は市の人口です。先に述べたように、さすがに人口3万人以下は厳しいですが、5万人から10万人の人口があれば、アパート入居人口は増えていますので、土地活用は十分可能です。

今時投資物件で利回り10％取れる案件は少なく、長期に安定収入になる投資は他にありません。小さな土地でも、少額の資金で建てられるので銀行融資も受けやすいのです。

土地が親のものの場合は、親の名義で銀行から借り入れし、親の所有権で運営するやり方があります。その場合は親が賃貸経営をする形になりますが、実際の運営はあなた自身となります。相続に有利な方法ですので、親が了承すればお勧めです。

それとは別に、建物だけ自分で建てて、土地は親からの借地という方法も可能です。少しでも借地料を払えば親の小遣いになるし、土地だけの相続で済むので、いざ相続になった時にもめない秘訣です。

加えて後にその土地だけを相続するという場合は、相続税がほとんどかからなくなります。といいますのも、建物が建つと土地の評価額が更地の6分の1になるのです。

総額2500万円までは、相続時は精算課税として非課税で贈与ができます。

また、親が元気なうちに生前贈与の話をして、税理士に入ってもらうといいでしょう。相続税の見積りもしてもらえるし、金額算定もしてもらえるので、一番もめにくいのではないかと思っています。特に親の土地資産がたくさんあって兄弟も多い場合は、これをしないと必ず相続争いになります。

大きなパートだと分割しにくくて、生前贈与もしにくいのですが、戸建て賃貸は、その意味でも優れています。簡単に分割贈与できますし、相続したあとの売却も、価格も安いので、アパートなどとは異なりスムーズなのです。

手放したほうがいい土地や家

いくら親が持っていても、人口が3万人以下の過疎地や、車の入れる道路が付いていない土地は、もし可能ならば早く売ってしまうべきです。そのようなところにある土地はこれからどんどん下がり続け、あと5年もすると全く売れなくなってしまいます。特別な観光地やリゾート地にあっても、買ってくれる人がいたら売ってください。何もできないが税金だけはしっかり取られるお荷物になります。

中古住宅も同様です。過疎地の中古住宅は早く売り出せば、今なら、田舎暮らしに憧れる団塊世代が買う可能性があります。でもあと5年もして彼らが75歳を過ぎると、買うような元気もなくなります。

これから先の人口動態を考えても、長く持っていいことはありません。

第 4 章

賃貸物件パターン1

小さめ戸建て賃貸

これまでお伝えしてきたように、賃貸向けの戸建ては今確実に需要が見込める、利回りのいい物件ですが、空きを出さずに賃貸経営をしていくためには、需要をつかむことが不可欠となってきます。戸建て賃貸にも、独身女性向けコンパクトハウスタイプと、転勤族向けファミリータイプがあり、地域によってどのタイプが、より入居率が高いかを見極める必要があります。

そこで具体的にどのような戸建てを作っていけばいいかを、これからひとつずつ解説していきます。

1、需要が見込める賃貸例①～独身女性向け戸建て

県によって統計データーにばらつきはありますが、近年全国的に30代の結婚率はほぼ50％、二人に一人は独身であり、このことが賃貸市場に大きな変化をもたらすようになりました。つまりシングル（一人用）の部屋は多少古くても満室が続き、２ＤＫや2ＬＤＫは空き家が増えているのです。２ＬＤＫの家賃の7万円も出せば、新築住宅が買えるので、ローンの組める人は新築住宅を買ってそちらに移っていきます。結婚する人が少ないので、ファミリー向け賃貸の借り手が少なくなり、空室が増えているのです。

このパターンは全国的に共通しており、どの不動産会社に聞いても、シングルは埋まっているが、アパートの２ＤＫ・２ＬＤＫ、その中でも築25年以上の古い木造は特に空き室が多いとのことでした。

築年数の古いアパートは改装してもＬＡＮケーブルを入れても入居率が悪くなってしまいます。そもそも耐震性も悪く、断熱性も悪くて冬寒くて夏は暑いところが多いので、安くても入りたくないのです。一方で独身者は使えるお金は多く、その分車や、住居には少し贅沢をする傾向にあります。

特に女性はおしゃれな外観のアパートを好む傾向にあります。金額にしても遠さにしても、少しくらいの違いでしたら、まず、きれいかどうかを重視していきます。ですので、多少高くても賃貸経営者の側からしても、女性は建物を傷つけないし、きれいに使ってくれるし、気に入れば長く住んでくれる優良な借主になります。

新潟の11棟コテージハウス

具体的な成功例をみていきましょう。まず、新潟県の女性向け戸建て賃貸です。新潟市南区（旧三条市）の株式会社ＭＫプランニングが開発した独身女性向け戸建て賃貸は、不動産の賃貸情報サイトにアップしてわずか1時間で10組を越える申し込みがあったそうです。びっくりしてすぐ掲載をストップして、4組の入居者を決めたとのことでした。その人気ぶりに驚いて、親しくしている地主に提案して、地主の持っている200坪の土地に11棟の戸建てを建てましたが、これも完成前に入居予約で満室になりました。

新潟市といっても南区は人口わずか10万人の小さな町で、アパートがとりわけ多い地域でもありません。ワンルームアパート賃貸で家賃4万円（駐車場別5000円）が相場ですが、それより1万5千円高い5万5千円。駐車場をつけて6万円になり、学校からも離れています。

入居者を見るとほとんどが女性で、ペットも飼っているそうです。入居した、ある女性に聞くと、アパートで内緒でペットを飼っていたが、気が引けていて、毎日ペット可の物件をネットで探していたそうです。引っ越してからは堂々とペットを飼えるし、女子会もアパートでできるし、友人にも大人気で、いつも友達が集まるそうです。

独身女性向け戸建てのいいところは、子供がいないので、アパートには絶対条件の学校近くという条件がなくなることです。

日本の地方のほとんどが車がないと生活できず、皆車をもっているため、価格さえ安けれ

新潟県にある独身女性向け戸建賃貸（ＭＫプランニング）

小屋裏２階で広い。おしゃれな外観や内装を意識。

200 坪の土地に 11 棟　7700 万円の投資で月 66 万円の家賃収入
15 年返済で月 45 万円　月手残り　月 21 万円

ば、多少郊外でも大丈夫です。そこを狙って戸建てを建てると、子供のいない新婚夫婦や、親子、同棲カップルの入居も意外と多く、駐車場代が2台分取れるので、利回りはもっとよくなります。

この戸建ても半分近くが2人住まいなのだそうで、駐車場は16台分を用意しているとのことでした。広い土地がある場合や、小さい戸建て賃貸で成功していったあとに、次はこのような大き目な集合戸建てを建てるのもいいでしょう。

あまりに利回りがいいので、MKプランニングでは自社投資物件として60棟建築する予定だそうです。

2、需要が見込める賃貸例②～ファミリー向け戸建て

戸建て賃貸は土地効率が悪く、家賃を安くできないので空室リスクがあると、オーナーが尻込みする場合が多いのですが、実際はすぐ満室になります。

需要のある層として見過ごされやすいのは転勤族です。会社の都合で転勤させられる社員は家賃補助が出る場合が多く、会社や役職にもよりますが、半額補助が出るところも多くあります。

そうすると家賃が10万円でも本人負担は5万円ですむのです。

世の中には転勤族が意外と多くおり、次に紹介するのは東京の投資家が新幹線効果を見越して、石川県小松市（金沢まで30分）に建てている戸建て賃貸です。土地が安い（坪10万円）ので、土地も買って十分な利回りが出ると判断して10棟建てたところ、家賃は12万円と少し高めなものの、完成直後すぐ満室になりました。

小松には自衛隊の基地と、小松フォークリフトとその関連会社がたくさんあります。人口は11万人ほどの中都市ですが、転勤族も多く、彼らの多くが戸建てを希望するものの、物件は極端に少ないという状況になっています。ですので戸建て賃貸は、ほとんどの場合完成を待たずに入居者が決まるのです。オーナーは次の物件も検討しているとのことですし、これを見て、今度は地元の地主が20棟建てる話が進んでいます。

ファミリー向け戸建て賃貸の魅力はなんといってもその広さでしょう。車は家の前に駐車できるし、洗車もできる。そして子供の友人が集まろうが、隣近所への音の遠慮がいらない。まさにマイホームの住み心地なのです。

東京では狭い２ＤＫでも家賃10万円以上が当たり前なので、地方の広い戸建て賃貸を高いとは思わず、土地の安い地方では、戸建て賃貸は十分投資対象になるようです。

今は多少家賃が高くても戸建てに住みたい方が増えてきているので、十分な利回りが取れることになります。

パースは22坪3LDK。建築費は860万円、税諸経費込みでも1000万円です。2棟で2000万円で、家賃収入は年間240万円ですので、利回りは10%以上となります。間取りはファミリー向け3LDKで子供2人を想定しています。

ファミリー向け戸建て賃貸は、転勤族の多い地域では大人気ですぐに満室になり、家賃も10～12万円取れますが、立地条件には留意が必要です。近くに学校がある、その学校に通う子供がまわりにもいる、学校の教育レベルが高いなどが重要で、転勤族が多くいる職場が近いというだけで選ぶと失敗します。

たとえ場所が悪くても、戸建て人気で家賃を多少下げれば入居者が決まりますが、やはり利回りが悪くなったり、満室になるのに時間がかかったりします。用途と場所のマッチングは必須です。

3、需要が見込める賃貸例③～高齢者向け戸建て賃貸

高齢者向け戸建てはまだまだ少ないものの、これからは大きな市場になると思われます。持ち家はあるものの、脚が弱くなって買い物や食事の用意ができなくなってきた場合に、高齢者向け

石川県小松市に建てられた戸建て賃貸。家賃 12 万円ですぐ満室。建築費は 1 軒につき 25 坪で 1100 万円。

人口４万人の小矢部市に最近建てられたファミリー向け戸建て賃貸。
５０坪の土地に２棟。
のどかな田園にモダンな戸建て賃貸、田舎でも戸建てなら需要が見込まれる。ただし小学校は近くに必要。

人口60万人の金沢市郊外にある高齢者戸建賃貸住宅。
12坪2LDK、家賃ナースコール付きで14万円。
敷地内道路側に一般客用の日帰り温泉とレストランがある。
安い定食もあり、日帰り入浴は入居者は無料。

戸建て賃貸住宅が検討項目に入る、というような流れで年々需要が高くなってきています。実際団塊世代が、高齢者賃貸住宅を探し始めているという話をよく耳にするようになってきました。

この高齢者向け賃貸戸建てのいいところは、学校や、スーパー、バス停に近くなくてもいいことです。用事があれば、近くの提携介護サービスとナースコールでつながり、買い物はネット通販や、配送サービスを使い、ヘルパーが画面を見せながら、ネットや電話で注文します。洗濯なども有料でやってくれます。

また、コンシェルジェがいて、弁当の手配や、タクシーの手配、必要ならヘルパーの手配もしてくれるサービスつきの賃貸（マンション系）も出始めています。家賃はまだ高いものの、これからの有望ビジネスになるのは間違いないでしょう。

平屋建て12坪2DK
新潟県上越市
家賃14万円
ナースコール付き、道路側にレストランがある。
レストランは一般客用、入居者用出前サービスがある。

高齢者向け戸建ての一般的な広さは２ＤＫくらいで家賃が月14万円。ナースコールの費用を引いても12万円程はオーナーに残ることになります。建築費は平屋で１棟８００万円と、多少上がるものの、高い家賃が取れるので、利回りは12％を越えるところもあります。

人口が20万人の上越市の郊外のレストランの裏にある高齢者戸建て賃貸では、テレビ電話をナースコールにしています。写真で紹介しているどちらの高齢者賃貸も、敷地内の介護施設がナースコール対応しています。

4、他の賃貸と差別化を図る～アパート経営からみる成功例

今需要があるタイプの賃貸が、20年後にも同じ需要があるかどうかは、わかりません。しかし、いくら時代が変わっても、賃貸に求められる不変の要素というのも同様にあります。それは戸建てであれアパートであれ違いはなく、そこをおさえておけば、空きが出る確率もぐっとおさえることができるのです。

まずは広さ（収納・開放感）の確保です。たとえ独身の人でも所有物は多いものです。工夫し

てある程度の収納スペースをきっちり確保しておくことがお勧めです。

20年前の物件でもすぐ埋まるのが、ロフト付きアパートです。ロフトをベッドにしたり収納にしたりと使い方は自由ですが、ロフト分の天井の高さもあるので、開放感もあります。また、ロフト付き物件が少ないので大きなＵＳＰ（差別化）になっています。

アパートの1階なら、基礎をあと50㎝高くすると大きな床下収納が作れます。床下の高さが１２０㎝あれば、自転車や、バイクまで置くことも可能になります。スノーボードやサーフボード、冬タイヤ等、やや大きめでも収納したいものがあるのです。外から入れられるドアをつければさらに使いやすくなり、これだけで家賃は５０００円高く取れます。大きな収納付き物件は空室にならないものです。


アパートではコンロや温水機はプロパンガスが一般的ですが、それにはわけがあります。建築費を安くしたいハウスメーカーと、プロパンガスの供給をしたいガス会社が提携して、新築アパートには、ガス会社がガス器具を無料で入れているからなのです。

しかし安全性と、空気が汚れない快適性や高いガス料金を考えると、ＩＨヒーターや電気温水機をいれて、オール電化にしたいところです。電化機器も出始めの頃とくらべるとかなり安くなりました。

入居者が深夜電力契約に（深夜電力の料金は電力会社により多少の差はありますが平均16円kw、昼間は31円／kwで、夜間にお湯を沸かすエコ給湯にする）すると、ガスよりはるかに安くつきます。ほとんどのアパートが今でも新築物件もガスなので、将来大きな差別化になるでしょう。建築費は1室40万円ほどあがりますが、入居者のサービスを考えると、戸建てはもちろん、アパートでも20年後の満室のためには入れたい設備です。

他のお勧めは窓の断熱サッシです。断熱性のいい樹脂サッシも近年非常に安くなり、アルミサッシと較べても、それほどコストアップにならなくなりました。断熱性能は格段に違い、冬は暖かく、夏涼しくて、非常に快適な部屋が作れて冷暖房費も大幅に安くなります。

ペット可にするためには消臭効果のあるＦＦＣ免疫住宅がお勧めです。ペットの臭いは、飼っている本人が気付かないだけで相当なものですが、それを永続的に消臭してくれるスグレモノです。クロスと床材だけのＦＦＣ処理なので、戸建て賃貸1棟あたり10万円程度のコストアップで、何よりも宣伝になります。

空室対策は、商品力と、家賃です。20年先30年先まで競争力を維持したければ、建築費10％までなら建築費を上げて、商品力を高めるべきです。以上のものを全部入れてもそれぐらいのコストアップで終わります。

20年後も満室にする賃貸の条件
1、広さの工夫と収納スペースの確保
2、商品力のアップ→差別化
（オール電化、断熱サッシ、FFC処理等）
※商品力を高める為に建築費の10％までならつぎ込んでOK

5、デザインとコストの両立にはキューブデザイン

キューブデザインの建物が若者に大人気です。
キューブデザインとは、屋根がないデザインの住宅のことを指します。普通の住宅のように瓦を載せる三角屋根がなく、傾斜付きの平らな屋根に金属屋根で防水します。四角い住宅なのでキューブ（四角い立方体）と呼びます。

キューブデザインのいいところは、若い人に人気というだけでなく、建物に無駄な装飾がないのと、小屋裏がないので、その分の構造材も屋根材も安つくところにあります。

四角い間取りのコスト面についてはキューブデザインの建物は、屋根面積は通常のものより40%少なく、屋根材も瓦より50%以上安い金属版（30年保証）で可能です。サイディング（外壁材）も20%以上少なく、且つ張りやすいので、張り手間賃の交渉ができます。

また、建築コストが安いので、多少高い金属サイディングやアルミ玄関ルーフを使ったデザイナー住宅（デザイナーが設計した住宅）にしても、ほとんどコストアップせずに実行できます。デザイナー戸建て賃貸にすると、入居率はさらに高くなります。

例を挙げますと、写真にある一人用の戸建て賃貸（愛知県岡崎市のネイブレイン施工・管理）は、もともと会社が所有していた80坪の角地で、交通量も多く売りにくい土地でした。

そこにキューブデザインの賃貸戸建て4棟を建てて、2棟は独身用コテージ、2棟は2LDKにしたところ、完成前に入居が決まりました。

蓋をあけるとシングル用も2人同居で駐車場代が1台分追加（5千円）となり、賃料収入は月約7万5千円、2LDKは家賃9万円（駐車場付き）になりました。建築費は1棟単価税込みで

完成前に満室になったキューブデザイン賃貸。（ネイブレイン）

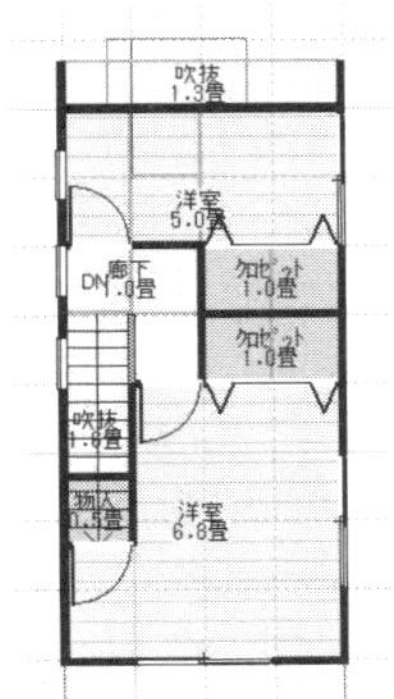

2ＤＫ用 2階部分

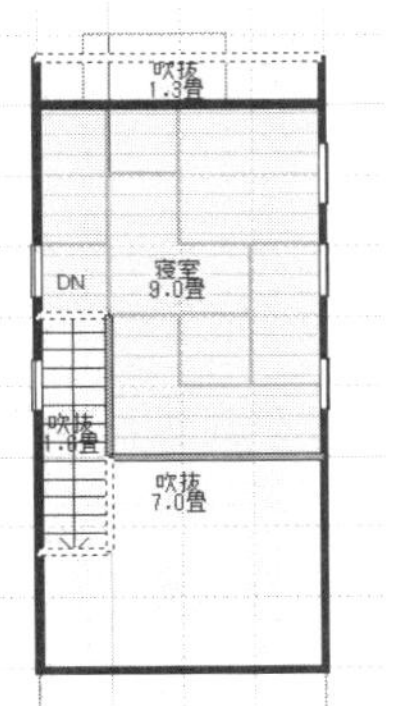

シングル用 2階部分

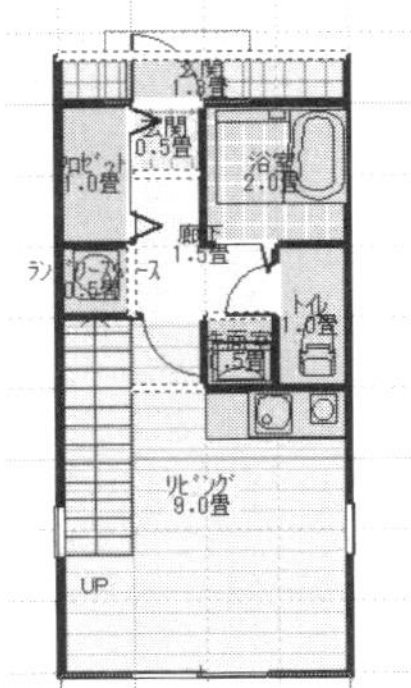

1階平面共通

700万円、2LDK800万円の投資で月33万円の賃料収入になったのです。投資額3000万円で空き地が利回り13.2％の高収益物件に変わった例です。

もし土地から探すにしても、坪20万円以下でしたら利回りは8％以上になります。岡崎市のような人口の多い市ですと、人口10万程度の地方よりは1万円以上高く家賃が設定できますし、地方でもアパートより高く取れますので、利回りは10％くらいになります。

間取りも建築費も同じでも、デザインがいいだけで、入居率が高くなり、その分、家賃を高くしても、入居者があるようです。

ちなみにコテージの間取りはすべて同じで建築費もかわりません。地主さんには違和感があるかもしれませんが、戸建てだけでなく、アパートにする場合でもキューブデザインのほうが入居率は高いようです。

6、賃貸はアイデア勝負〜ガレージハウス賃貸例

賃貸経営で成功するためには時代のニーズを読むという話をしましたが、ここに面白い例があります。

車好きの男性の中には、生活は一般水準ですが、車にだけはお金をかけるというタイプも一定数います。彼らはいい車に乗っているので、雨ざらしの駐車場を嫌い、できれば同じ建物の中に車を置きたい。注文住宅でなければ無理な話を実現した賃貸があったらどうでしょうか？

愛知県名古屋市で建てられてひそかに人気なのが、ガレージつき住宅です。車好きな人はシャッターを閉めて、その愛車の中で寝る人もいるそうで、ここではガレージにもエアコンをつけています。

こちらは月10万円以上と周りの相場から比べると高い家賃ですが、空きが出てもすぐ埋まるそうです。確かにそのようなニーズもあり、賃貸のアイデア商品です。もともと男性は女性のようにあまり住居費にお金をかけないのが一般的な傾向で、需要がどれぐらいあるかは、判断が難しいところです。

名古屋という独身高所得者が多い市場で、自動車産業が多いのもガレージハウスの人気の背景にあるかもしれませんが、面白い商品なので数棟だけ試しにやってみるのもいいかもしれません。敷地の関係で駐車場スペースが十分取れない土地にはお勧めです。

建物価格は４室で 3600 万円。
地方でも平均家賃８万円で月収入 36 万円なら利回り 10％は出せる。
ガレージハウス賃貸は不動産会社だけでなく、車雑誌の地方版に広告するとよい。ターゲットは車好きの高収入の独身男性だ。

コラム3　デザインで若者を引き込む

デザインが洒落ている賃貸は、若い人に人気の物件になります。戸建てではキューブデザインの例をお伝えしましたが、アパートは窓が多いのと外階段があるので、デザインを作るのが難しいとされます。しかし、デザイン性を壊す階段を建物内部に入れると、豪華なお城や邸宅のような外観を作ることが可能です。ここに愛知県岡崎市にあるネイイレブンが施工した例をお見せします。特に南フランス風の建物は、若い女性に人気があるようです。

写真はすべてネイブレインの施工例　60 坪 4200 万円
シングル家賃収入月 36 万円＋駐車場利回り 10%を越える

外観に似合わず内部はモダン仕様、新婚さんに人気だそうだ。照明もデザインの大事な要素、トータルにデザインした方がいい。ほとんど女性入居者か、夫婦（新婚）で埋まっている。

駐車場を一か所にまとめて、中庭を作っている。窓から中庭をみると、フランスに住んでいるような感覚になる。

第5章

賃貸物件パターン2

大きめ物件

4章ではいきなり負担をかけることなく、サラリーマンでも小さく始められる戸建て賃貸について例をあげて説明しました。第5章では、自分が住む場合にどうしても大きい家を建てたい方や大きめの土地や資産がすでにある方、またはいくらかの投資を経験済みで、さらに手を広げようとする場合におすすめの高齢者住宅について詳しくご紹介していきます。

1、大きな家（マイホーム）は将来の活用を見越して建てる

年収にある程度余裕（最低でも600万以上）があって、やはり大きい家がどうしても欲しいという方には次の3つのいずれかを考慮に入れて家を建てることをお勧めします。それは、将来いざ貸す時に1、シェアハウスとして貸せるか、2、高齢者シェアハウス、デイサービス等で使えるか、3、学生下宿、民泊として使える工夫をしておくことです。

大きな家は売る時は大変苦労します。使わなくなった時（それは将来必ずやってきます）売らないで活用できる工夫を新築時に取り入れておくべきです。

どのような活用方法がいいかは、その土地の立地によります。大学が近ければシェアハウス、下宿。観光地が近ければ、民泊、貸別荘。郊外ならば高齢者住宅か、高齢者用デイサービス施設

です。

これらの施設への変更は、新築時に想定しておかないと、変更リフォームが非常に高くついたり、変更が不可能な場合もあります。どうしても大きな家を建てたい方は30年後の活用方法も考えておきましょう。

2、シェアハウス

シェアハウスの需要と工夫

これからは家賃が安くて、適度に人間関係が持てるシェアハウスは需要が伸びると考えられます。またシェアハウスでは、大きい家ほど入居者を集めやすくなります。

アパートでは孤立しすぎて一人暮らしは寂しいものなのか、シェアハウスはすでに市民権を得るようになってきました。特に大学のそばや、専門学校のそばは需要が多く、すぐ満室になっています。また、今後は若者だけでなく、高齢者用のシェアハウスも増えていくでしょう。

例えば地方郊外で4LDK45坪の戸建て住宅ですと、賃貸にすれば、月8万円、場所がよくて10万円というような場合でも、同じところをシェハウスにすれば、4部屋4万円で計16万円の家賃収入となります。5LDK60坪の住宅では、戸建て賃貸月12万円とすると、シェアハウスでは20万円の家賃が取れることになります。

ただし将来シェアハウスにするためには、次のようなことを考慮する必要があります。

1、駐車場スペースの確保（外部の駐車場可、高齢者住宅なら不要）
2、個室に鍵のつけられるドアを選ぶ（後付け可）
3、キッチンは2人で作業できる広さ（6畳以上）
4、お風呂は1．2坪タイプで洗面（脱衣場）にも鍵をつける
5、トイレは2階にもつける
6、リビングは広いほどいい、キッチンに隣接した部屋がいい

この中であとから変更しにくいのはキッチンの広さと、リビングとの隣接、2階のトイレだけです。大きな家で快適に過ごすためには、そもそもリビングは広く、トイレは2階にも、キッチンは広めにというのは自然にそのような設計になるでしょうから、個室の鍵をあらかじめつけて

おけば、ほぼそのまま活用できます。

金沢にシェアハウスをするのによさそうな賃貸住宅があります。４部屋の個室があり、12畳のリビングが共有になっている建物です。リビング横にキッチンがあるともっと良かったかもしれないのですが、このように実際にシェアハウス経営ができそうな物件も市場にでているので、程度のいい中古住宅が手に入れば、投資としてシェアハウスをやるのもいいかと思います。

４LDK45 坪の住宅賃貸なら８万円、場所がよくて 10 万円のところ、シェハウスにすれば４部屋４万円で 16 万円の家賃収入となる。（住宅会社 HP より）

中古住宅活用型シェアハウス

団塊世代は現在（２０１７年）、67歳から73歳で、総数で２２００万人を越えています。まだまだ元気で、旅行をしたり、趣味に時間やお金を費やしたり、人によってはパートなどで働いている方もいます。介護はまだ必要ないものの、年金生活に入っており、あまりお金を使いたくないと思っていながらも、余生を楽しむための出費はそれなりというのが主な特徴です。

この人たち夫婦のどちらかが先立つと生活が変わることになり、その時にナースコールをつけた高齢者賃貸住宅のニーズが高まると予想されます。

ですがナースコール付き賃貸はまだまだ高く、需要と供給のバランスを考えると、そう簡単に値段が落ちることもないでしょう。その点、中古住宅活用型シェアハウスですと家賃も安く上がり、誰かが一緒に住んでいるのでナースコールも不要ですし、何かあっても安心な状況を確保できます。また、料理のできる人が順番に料理を作って皆で、楽しむことも可能です。

私は、介護前の高齢者は、高齢者賃貸でなくシェアハウスのほうが向いているのではないかと思っています。大きな空き家があったら少しだけ改装して、家賃３～４万円ほどで４人から５人のシェアハウスにできると理想的ではないでしょうか。

団塊世代は夫婦でいる限り、自宅に住み、生活する人が多いでしょう。しかしひとりになると、大きな家がもったいないし、寂しくもあります。大きな家を持っている人は家を貸し、アパート暮らしの人は、同程度の家賃で、仲間のように暮らす。これが理想的だと思うのです。

貸す人と借りる人を上手にマッチングさせる不動産会社や、空き家を1棟借りて、サブリース（小分け賃貸）で運営する、高齢者住宅向けサブリース会社の登場を待ちたいところです。1棟購入することに不安がある場合は、このようにサブリースでの運営も視野に入れることもありではないでしょうか。

1棟家賃5万円で空き家を大家から借り、一人4万円で貸すことができるのであれば、入居者が4人いれば、大家に払う家賃を差し引いても毎月11万円の利益が出ます。

改装費に多少お金をかけても元は取れるし、何よりも安くて安心な暖かい住まいを安く提供できるのです。

シェアハウスでなくとも、一人高齢者の賃貸需要は今後も増え続けるので、ニーズはあると思います。ただ年金生活者向けなので、いかに家賃を安くするかが重要で、古いアパートの改装や、中古住宅のリフォーム、建築費のコストダウンなどの工夫が必要でしょう。

これはある意味古いアパートの入居者復活のポイントになるかもしれないと思うのです。

古いアパートはいくら改装しても、若い人は、ネットで表示される築年数で判断するので、な

4室の高齢者シェアハウス、ナースコールサービス付き（金沢市）

かなか入居してきません。しかし高齢者のニーズは別の所にあります。介護会社と提携して、ナースコールをつければプラス5万円の家賃が取ることが可能です。今は誰も目をつけていませんが、高齢者賃貸こそ、賃貸業の活路になるかもしれません。

3、民泊が日本の賃貸業を変える？

安倍政権が地域創世の目玉にしているのが、外国人観光客の誘致です。近年増え続ける外国人観光客は2014年、ついに1100万人を突破しました。それを2020年には4000万人にするとの目標を掲げています。

最近都心や観光地でビジネスホテルの予約が取れにくくなってきました。商用で宿泊すると、外国人観光客が半数以上いるところもざらにあります。ビジネスホテルはどこも高い稼働率を維持し、どんどん出店攻勢をかけています。爆買いといい、外国人観光客様様な状態ではないでしようか。

２０２０年には東京オリンピックもあります。日本は安全、安心、清潔、快適と、来日した観光客がソーシャルメディアでも情報発信するので、間違いなく外国人観光客数は４０００万人突破は達成されると思われます。

そこで問題になるのが宿泊施設の不足です。旅館業法があるので、簡単に民泊は経営できないことになっています。それが、２０１５年に政府の規制緩和で民泊が認められるようになり、世界一のホームステイのマッチングサイトＡｉｒｂｎｂ（エアビーアンドビー）が日本に進出して来ました。

民泊は旅館業法の宿泊の提供ではなく、ホームステイ（部屋貸し）であり、不動産賃貸に当たることになります。

横須賀のある地主さんは、中古住宅を改装して民泊を始めたところ月30万円もの収益が上がったとのことでした。古い家は改装しても、せいぜい家賃10万円の戸建て賃貸料にしかならないところが、その約3倍になったのです。

Ａｉｒｂｎｂは宿泊先提供者が宿泊施設の登録をし、旅行者がサイトで、希望する宿泊先を選んで予約。あとはホテルの予約サイトと同じような感じですすみ、カード決済か、現金決済で事前に支払いをするという仕組みになっています。

そのようなサービスを使えば、素人でも民泊経営を始めることができるのです。早速、民泊施設への改装専門リフォーム会社やＡｉｒｂｎｂへのアップのサービスをする会社や、運営のお手伝いをする会社も続々登場しています。

外国人の交通手段は電車バスなので、個人で行うのであれば、やはり駅近や観光地近くか、送迎サービス付きにできる方などがメインになるでしょう。ただ最近の外国人観光客はリピーターが多く、こだわり分散型になって来ており、一般的な観光地から、アクティビティーを求めて地方に繰り出し始めているのも事実です。

雪がない国からの観光客が冬の白川郷で雪の中の結婚式をあげるなどのプランもあるようで、日本人観光客が減る真冬の高山は、今は外国人観光客で溢れています。政府の後押しもあり、今後ビザなしで入国できる指定国が増える見通しで、ビザの発券条件も緩和されます。これは間違いなくビジネスチャンスといえるでしょう。

地方でも民泊は可能性があるかもしれないので調べたり、問い合わせてみるのもいいと思います。

安くて快適な宿泊施設を求めているのは、外国人ばかりではありません。２５００万人いる団塊世代は、まだ元気で旅行にもよく出かけています。ただし年金生活なので、少しでも安く泊まれる場所がないかと、ネットで宿を探す人も増えています。車で移動するケースも多く、田舎でも構わないという人も結構いるでしょう。彼らにとっても利用しやすい安く泊まれる民泊は、規制緩和が生み出す大きなメリットであることは間違いありません。

もちろん民泊も、普及によってこれから競合が出てきますから、しっかりした内装リフォームサービスを心がけないといけなかったり、当然立地リスクもあります。新築なら貸別荘のようなデザインと仕様、駅近なら中古改装型でも高収益が見込めるでしょう。そのようにコストと収益をしっかりみていかなければならず、やはりビジネス感覚が必要になります。

民泊経営の規制緩和

民泊経営が、現在（2017年3月）認められているのは、特区として先行して解禁されている東京都の大田区と大阪市だけです。

ただ、Ａｉｒｂｎｂの外国人集客力は大きいので、旅館業法で許可を得て外国人向け民泊として運営している所は、特区以外でも急速に増えています。特に入居者が減った古いアパートのオーナーさんにとって、民泊は関心の高いビジネスなので、各地でセミナーが開催されています。

２０１６年末に厚生労働省は、全国の自治体に向け、民泊解禁に向けての届出制の概略について指針を出しました。それを元に各県で制度決定され、今年は全国的に解禁される予定です。ただし解禁に向け、いくつかの条件が提示されました。

まずは違法薬物の取引や売春に利用されないために、鍵の受け渡しを対面でやり、終了時も対面で鍵を受け取ること。また旅券の提示を求め、コピーと宿泊リストを3年間保存することが条件になります。また騒音や、衛生の管理として、外国語で書いた注意事項を提示し説明する義務が生じます。

それらができる体制になれば、住居専用地区でも民泊が可能となります。旅館業法でのフロントの設置や、夜間滞在義務もありません。同時に旅館業法も規制緩和される予定で、民泊の許可要件に近くなると予想されています。

ここで注目されるのが、先程も挙げたように入居者の減った古いアパートの再生になります。古いアパートは駅前立地が多く、駐車場がないので、家賃を下げても埋まらず、大家さんの悩みです。

しかし民泊向けにリフォームすれば高収益物件に変わります。外国人観光客の移動手段はほとんどが車でないので、駐車場がなくても平気です。

今は、外国人観光客が喜ぶリフォームデザイナーやリフォーム会社もあり、Ｗｉ－Ｆｉや騒音警報器の設置や鍵の受け渡し、部屋の清掃管理、英語での電話対応などを請け負ってくれる会社まであります。そのような会社に管理をお願いすれば、普通の賃貸住宅と同じくらいの感覚で経営することが可能です。

民泊専門コーディネートの必要性

民泊は、現在は主には外国人相手となり、彼らはＡｉｒｂｎｂのサイトから入ってきます。すなわちサイトで見比べられて、選ばれる部屋にしなければなりません。そのために一番大事なのが、家具まで含めたコーディネートです。普通の住宅ではありません。数泊するだけですし、日本的な雰囲気を味わいたい外国人向けのコーディネートはやはり専門家でないとできないと思われます。民泊専門のコーディネートにお願いするのがいいでしょう。

例えば、株式会社スペースエージェント（https://minpaku-bukken.com/interior）は、あまりリフォーム費用がかからず、外国人好みのコーディネートをしてくれます。写真の部屋は壁紙が大胆ですが、日本的な柄を選んでいます。また、あえてベッドではなく布団にしています。

利用客が泊まる場所を探す時、ネットでは画像の訴求力が第一になります。画像で訴える日本的な部屋を用意した方が、集客力は高まるようです。ほとんどの外国人客は、ネットだけで判断しますので、価格と立地と写真の雰囲気で選びます。コーディネートで売り上げが変わる、これが民泊経営です。

特区以外に、今すぐにでもできる民泊があるのをご存じでしょうか。

それはイベント民泊と農村民泊です。イベント民泊は文字通り大きなイベントがある時に、宿泊場所の不足に対応するものです。イベント時のみの可動では収益物件にはならないのですが、農村民泊は地方でも可能です。

農村民泊はもともと農村での生活体験や、農業体験用宿泊施設として認められているもので、旅館業ではないとの見解であると思われます。田舎の農作業や、古民家を含む、農村の生活を体験していただくための民泊です。

外国人力旅行者もリピーターが増え、ありきたりの観光地でなく、もっと日本らしい体験をしたいと望む方が増えてきているし、今後は増大すると思われます。田舎の空き家の活用方法としては、いいと思います。これこそ地方創生で地方自治体がイベントと組み合わせて企画すればいいのではないでしょうか。

敢えて畳の部屋に大胆な梅の花の壁紙に座布団に和机
㈱スペースエージェントのコーディネート例

古民家活用ができれば面白い民泊になります。ただしこれも立地が悪ければ経営は難しいと思われます。

戸建て賃貸活用民泊

見込める立地に物件がなければ、戸建て賃貸を建てて、民泊運営する方法もあります。この場合も、駅近く、観光地近くが有利です。

戸建て民泊であれば、集合マンションと違って騒音の問題が発生しにくく、家族旅行者にぴったりです。

土地価格が坪20万円以下、稼働日数月25日が可能なら、土地を購入しても利回りが14％は出ます。50坪の土地に2棟建てれば、ローン返済後の手残り（収入）は40万円以上になります。手持ちの土地が多少駅や観光地から遠い場合でも、送迎をつければ使えますし、将来、何かの事情で民泊経営できなくなった場合にも戸建て賃貸として貸したり、住宅として売ることも可能でしょう。

戸建て賃貸活用民泊例

・投資費用
建物 1000 万円　　諸経費（税、外溝、家具他）150 万
　※ 20 坪 900 万円の戸建て賃貸住宅にエコ給湯、エアコン２台 Wi-Fi ネットサービス、テレビ、ベット、家具等をつけて 1000 万円の投資。
土地価格 500 万円（25 坪× 20 万円）
土地関係諸経費　150 万円（上下水、仲介料登記他）　合計 1800 万円

・収支

20 年返済額	月約　9 万円		
月収入	30 万円	年間	360 万円
月手残り	21 万円	年間	252 万円
投資利回り	14%		

稼働が月 25 日あれば土地まで購入しても利回りが 13%を越える計算になる
収入は稼働率 25 日　1 日あたりの収入を 1 万 2000 円として計算
※観光地近く、駅近の場合

4、サービス付き高齢者賃貸住宅

３００坪以上の土地があって賃貸経営を考えているのであれば、サービス付き高齢者住宅（サ高住）か、住宅型老人ホームをお勧めしています。

利回りは８％くらいですが、介護会社が募集も管理もするので空き部屋管理が不要です。基本的に運営する介護会社との施設オーナー間での建物全体の20年間の賃貸契約となるので、空き室があっても満室分の部屋代が毎月払われます。つまり介護会社が倒産しない限り、20年間手間いらずで、確実に入金が保証されるのです。アパート経営のように、滞納者の対策や、入居募集や、空室の家賃損失もありません。実質家賃保証で、利回りは最高にいいといえます。

例えば４年前に長野県で建てられたサービス付き高齢者住宅は３００坪で部屋数は29室、建物価格は1億９５００万円（税込）でした。ですがサービス付き高齢者住宅は、国土交通省の補助金が付くので建物価格の10％が戻ってくることになります。そうすると実質1億７５５０万円の投資になり、部屋代は1室４万３０００円、家賃収入は年間１４９６万円で利回りは８．５％となるのです。借り上げ保証がついていると思えば、かなりいい利回りです。

人口動態ピラミッドを見ればわかるように、今後、要介護者（介護が必要と判定された方）が増えることはあっても減ることはありません。建物管理も介護会社任せで、電球の玉切れやエアコンの故障、清掃管理も一切お任せで費用負担もありません。要するに手間がかからないのです。この介護サービス付き高齢者住宅を建てたいと思ったら、まず提携してくれる（借り上げてくれる）介護会社を探す必要があります。今はサ高住もだいぶ普及してきて、建築会社が提携している介護会社が場合によっては数社いるなど、建築会社が探してくれるケースも増えてきています。

ハウスメーカーも同様のサービスをやってはいるものの、基本の建築費が非常に高く（だいたい５０００万円以上の差が出ることになります）、利回りは非常に悪くなります。利回り７％以下は手掛けるべきではない、７％ルールというものが賃貸経営にはありますが、建築費の高いハウスメーカーではそれだけの利回りを出せる会社はないでしょう。

建物の金額が大きいので、これまでは銀行の理解が得にくいことはありましたが、最近はほとんどの銀行で融資案件の見直しを進めており、今まで融資に慎重だったサービス付き高齢者住宅でも、建物担保があって介護会社が健全であれば融資が付きやすくなってきています。

あまり田舎だとヘルパーさんの通勤がしにくくて、「ヘルパーを集めにくいと困る」と言われることもありますので場所の見極めは必要ですが、土地は学校に近くなくていいし、接道は細くても救急車さえ入れば大丈夫という、いわゆる2等地での賃貸経営が可能になります。駐車場も基本ヘルパーさん分プラス数台あればいいので、それほど広くなくてもいいでしょう。

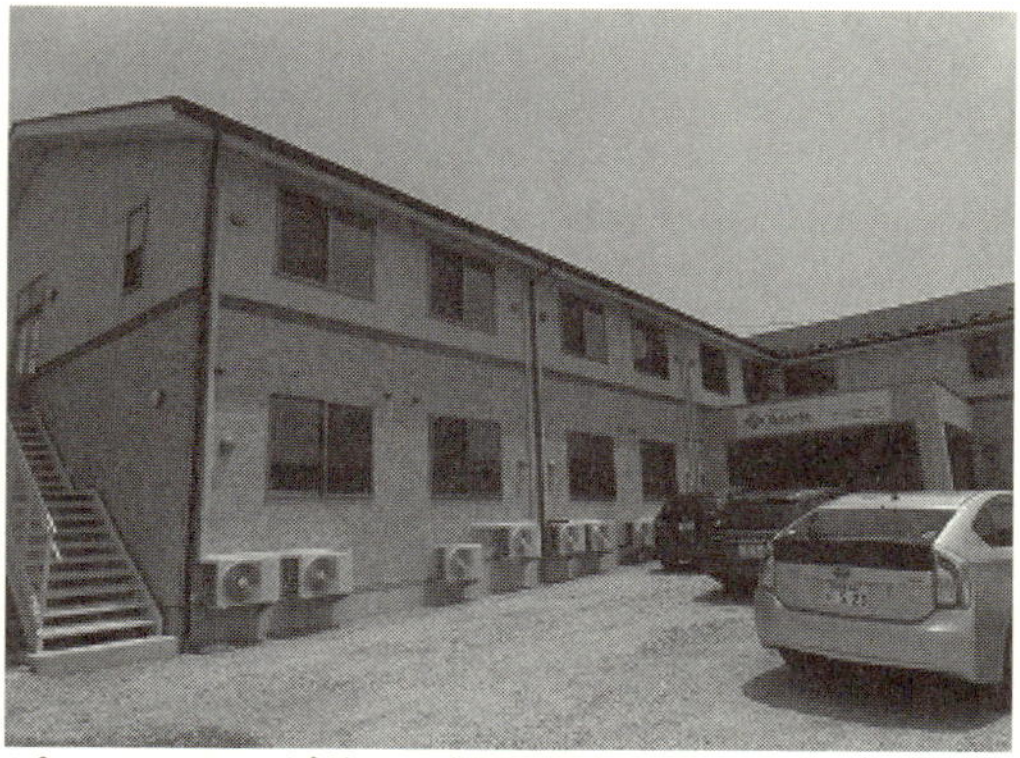

ピースステージ施工（長野県）

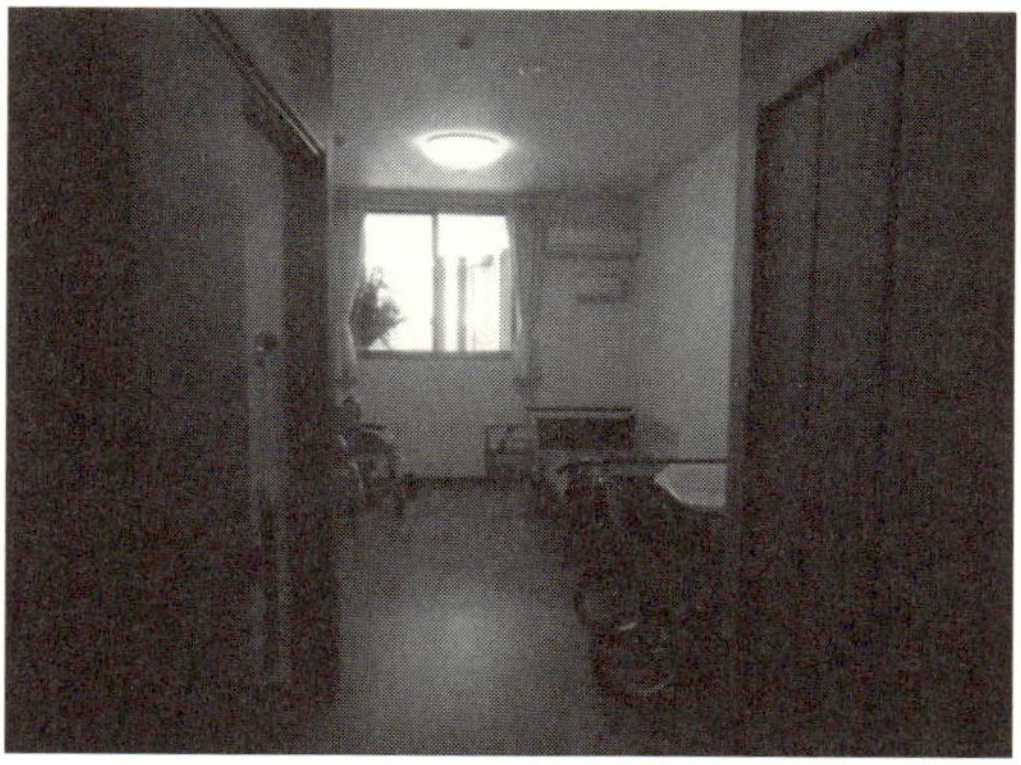

長野県上田市 300 坪サービス付き高齢者住宅
建築費 1 億 9500 万円・補助金 1950 万円（実質 1 億 7550 万円）
家賃収入 4.3 万円× 29 室× 12 か月で 1496 万円（利回り 8.7%）

５、住宅型老人ホーム

介護サービス付き高齢者住宅は、基本はアパートに介護サービスをつけるという考えで、申請がしやすく補助金もあるため、２０１４年まではよく建てられていました。30室未満であれば減算（介護会社の得る介護報酬が30室以上だと10％減算されるため、介護会社のメリットが減る）されなかったので、３００坪のサ高住はちょうどいい大きさだったのです。

ところが２０１５年、介護報酬の改定があり、すべての集合型介護施設の介護報酬額が10％カットされ、ほとんどの施設が減算対象となってしまいました。

そうなると、少しでも部屋数があるほうが介護の効率がいいため、老人用賃貸の主流は部屋数がより多く取れる住宅型老人ホームへと変わってきました。サ高住では25㎡必要とされている基準が、住宅型老人ホームでは、13㎡以上であればよいとされているからです。

介護サービス付き高齢者住宅と住宅型老人ホームの違い

介護サービス付き高齢者住宅と住宅型老人ホーム、ふたつの違いは、管轄省と部屋の広さになります。

どちらも民間型老人ホームですが、介護サービス付き高齢者住宅は国土交通省の管轄で、基本的にはアパートの扱いとなります。広さは25㎡以上、且つ洗面所とトイレが必要です。キッチンは条件ではないものの付けているところも多数あります。

それに対し、住宅型老人ホームは、老人福祉法の規定で厚生労働省管轄の上で、民間活用で建てるものになります。

また、サービス付き高齢者住宅は、建築のための申請は建築関係のみなので、建ててから介護会社を探すことができ、申請しやすいという特徴があります。

住宅型老人ホームは介護の質が問われ、申請の段階から介護会社の介護体制や、施設の安全体制がチェックされることになります。そのかわり広さは13㎡あればよく、トイレも共同で可とされています。介護度の高い人は自分でトイレにいけないので、各部屋には必要ないという考えなのです。

2015年以降、介護会社は住宅型老人ホームを好む傾向にあります。といいますのも、サービス付き高齢者住宅は、介護度が低くて介護保険の売り上げの少ない方が入居志望であっても断りにくく、その上部屋数が少ない場合が多いので介護会社の経営効率が悪くなるからです。

３００坪ですとサ高住が27室のところ、住宅型老人ホームであれば、34室作ることが可能です。ヘルパーはほとんど同じ人数で、34人介護できることになります。７室も部屋数が余分に取れてしかも家賃は広さに関係なければ、助成金をもらわなくても、オーナーさんにとっても、住宅型老人ホームのほうが利回りはよくなるのです。

これが４００坪なら、建てるのには２億９０００万円で47室は取ることができます。ヘルパーも３人程度増やすだけで大丈夫です。

大きい施設ほど介護会社の経営効率が良くなります。オーナーさんにとっても土地や施設も大きいほうが、利回りはより良くなります。土地の条件や、銀行融資さえ許せば、賃貸効率も介護効率もいいため、より大型のほうが有利になってきます。

また施設が大きいと、立派な施設に見えるので、顧客やヘルパーも集めやすいというメリットもあります。

介護施設には、お客様が２種類います。一つはもちろん入居者ですが、もう一つは介護会社で、介護効率が良く、入居者には少しでも安い家賃で提供できることを考えねばなりません。建物は建築基準法、介護は老人福祉法で改定されますし、介護報酬は、３年毎に引き下げられる傾向にありますꠀ介護用大型施設に関しては、将来も予測して、運営方法と、施設の形を決めなければなりません。

私がお勧めしているのは、将来の減算もあまり大きくないと予想される、住宅型老人ホームの特定施設です。今最も多い、公の特別養護老人ホームの民間版で、国家予算削減でこれからは国や地方の税金で、あまり建てられない特別養護老人ホームに代わるものを民間運営させようというものです。申請も複雑で審査も厳しく、しかも地方自治体の、福祉計画にそって募集されるもので、そのタイミングで応募しなければなりません。

しかしこれが将来も、最も安心な形の施設となるので、老人ホームのオーナーにも、介護会社にもメリットがあると思われます。

ちなみに、今私がコンサルタントをしている、金沢の介護会社では、特定施設の認定を取るための住宅型老人ホーム70室を申請中です。

本来サ高住はアパートに訪問介護を組み合わせた、イレギュラーな施設です。厚生労働省は、ちゃんとした老人福祉施設を増やしたいのでサ高住型老人ホームは今後も減算対象となる可能性が高く、今は良くても、将来介護会社が破綻したり、休業したりするリスクも考えねばなりません。

・住宅型老人ホームは 13㎡あればよい
・部屋にトイレ・クローゼットは不要
（要介護２以上の人が対象で、一人でトイレに行けないので共同トイレとなる。その分部屋数は増えるし、小さくても部屋代は変わらない）
・サ高住に比べて部屋は狭い
（補助金はなくても利回りはサ高住よりよくなる）

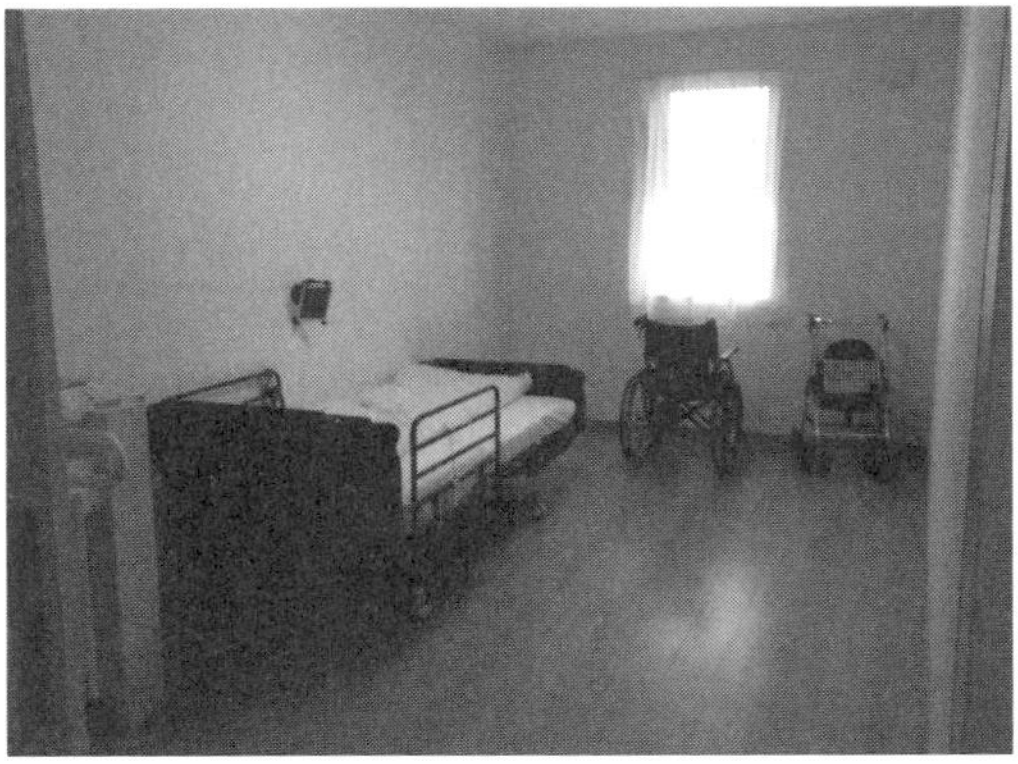

300 坪 34 室パース
建築費はサ高住とあまり変わらず 1 億 9500 万円
家賃収入は 1754 万円で利回りは 9.2%
介護会社の売り上げは月約 140 万円増える

それでも建築費も家賃も安くすれば満室になりますので、介護会社が破綻することはあまりありません。サ高住ならいかに建築費を抑えて家賃を安くするかを真っ先に考えるべきで、その意味では一般アパートもサ高住も同じと考えていいでしょう。どのような賃貸でも最初に建築コストありきです。

6、介護会社の収益性を考えた施設にする

介護付き老人ホーム型賃貸の唯一の不安は介護会社の倒産

お伝えしましたように、介護つきの老人ホーム型賃貸住宅を経営する場合、きちんとやっていれば必ずそこそこの利益が介護会社にもオーナーにも上がります。そのような中でオーナーにとって唯一のリスクは介護会社の倒産です。介護ビジネスでは倒産する理由は3つしかありません。

その1は不正請求で、儲け主義の介護会社で時々発生する事例です。普通は監査が入らない限り不正は発覚しにくいもので、それをいいことに恒常的に不正を行い、結果悪質と判断されると、

その介護会社は介護保険の資格停止になります。介護保険での売り上げをたてることができなくなると、ほとんどの場合倒産します。

発覚する原因は待遇が悪くて退社したヘルパーからの内部通告というパターンが多いようです。何も不正をしていなければ監査が入っても、何も出てこないのですが、親会社が介護に理解がなく、利益追求だけいわれ、現場の責任者がやってしまうケースがみられます。そのような場合はうっかりミスによる不適切な請求と違って組織的なので、罪はより重くなります。

一時期、介護は儲かるからと異業種からの参入が多かったのですが、そのように入ってきた介護会社に破綻が多いように思われます。

2番目は施設の家賃が高すぎて、入居者が集まらないケースです。少し前までは、ゼネコンがコンクリート造りで建てる老人ホームが多く、家賃が7～8万円、食費月4万5千円に基本料3万円で合計15～16万円が平均でした。

それでもそのお金を払う、入居者の子供（団塊世代）がまだ現役で高い収入を得ていて、施設も不足していたため入居者も順調に集まり、空き部屋が出ることはありませんでした。

しかし新しくできる施設は建築費の安い木造が多く、家賃も4万5千円くらいで月の負担は食事、光熱費、基本介護費含めて12万円以下というものが増えてきています。団塊世代も65歳を越えて年金生活者になってくると毎月かかる高い負担は重くなり、新しくできる安い施設への移動がはじまっています。空き部屋ができると、介護会社はその部屋の家賃も負担することになり、売り上げ減少と重なり、急激に経営内容が悪くなってきます。オーナーが潰れるよりましと、家賃を下げたところは生き延びていますが、家賃を下げなかった施設は倒産しています。

3番目の倒産理由はヘルパー不足によるものです。日本の製造業が少し良くなり、人材が不足気味になってきている業種も出てきました。そのような状況下ですと、介護はきつくて給料が安いというイメージがあり、なかなか人材が集まらなくなってきます。

富山のある施設では12人のヘルパーが一斉に辞めてしまい、経営者が介護事業を閉めざるを得なかった事例がありました。その介護会社は、とある病院の子会社でしたが、病院から見れば介護はレベルの低い仕事という見方があり、ヘルパーを馬鹿にするような風潮があったといいます。待遇の悪さだけでなくプライドも傷つけられたので、一斉退社という最悪の結果になったのです。

介護福祉法でヘルパーの数は入居者3人に1人以上とされているので、辞めたヘルパーに等しい数を集められなければ、入居者を減らすか閉鎖するしかなくなるのです。たまたま建物は医療機関のものだったので倒産にはなりませんでしたが、ヘルパー不足による経営困難は近年急に増えてきています。

外国人ヘルパーの導入も検討されていますが、今はまだ一部の有力施設で研修生として受け入れているだけにとどまっています。

スマホの普及で、ヘルパー同士がラインで連絡を取っており、条件のいい介護会社は募集してもすぐ集まるものの、一度評判を悪くするとどれだけ好条件で募集しても集まらないという話も聞きました。これから伸びる介護会社の条件は人材をどれだけ集められるかどうかにかかっているでしょう。

建物の設計がヘルパー確保のカギを握る

介護会社の収益は介護保険で9割払われます（1割本人負担）。良好な経営を続けていくためには、ある程度介護度が高くて売り上げが上げやすい人を入居させなければなりません。同時に介護度が高くても、あまりヘルパーの負担が増えない施設にすると、収益性がよくなります。収益性がよくなれば、ボーナス等ヘルパーの待遇が改善できるのです。ヘルパーを募集するためにも介護会社にとって使いやすい施設にすることが大切です。

そして、ヘルパーが辞めない施設であるためには、どれだけ介護しやすいかというところも非常に大切になってくるのです。

まず重要なのは、お風呂でしょう。要介護の方の入浴は、ヘルパーにとって重労働で、腰を痛める一番の原因にもなっています。機械浴槽は必需品になります。次ページの写真のような公衆浴場的な施設では、見た目は良くても介護するヘルパーには重労働が待っています。小さくても機械浴槽（リフト付き介護浴槽）と、自分で入れる人向けの小さめの介護浴室と2つ用意するのが正解です。機械浴槽は介護会社持ちで、半額の補助金も国から出ることになっており、1台170万円ほどしますが、実質85万円で導入することが可能です。

その他、朝の移動時間が短縮できるよう、エレベーターは2～3人の車イスが入るほどの大型にする。勝手に出ていかれないように、2重の玄関自動ドアを設置し、内側からのドアの開閉は必ず職員が操作するなどいくつかポイントがあります。

そのように成功する建物をつくるためには、介護会社の要望が分かっている設計士に依頼することが大事になります。建築会社のこだわりで自社設計したり、地元の設計士に設計させて失敗するケースをよく見かけます。介護会社にとってのメリットはオーナーメリットになります。設計がよければ介護会社も運営しやすく、運営が順調なら、家賃保証以上に安心を得ることができるのです。

介護の責任者がこの浴槽をみたとたんに、これでは無理と言われた。機械浴も使えないし、３人がかりで入浴させねばならない。介護を全くわかっていない人が設計したのだろうとのことである。

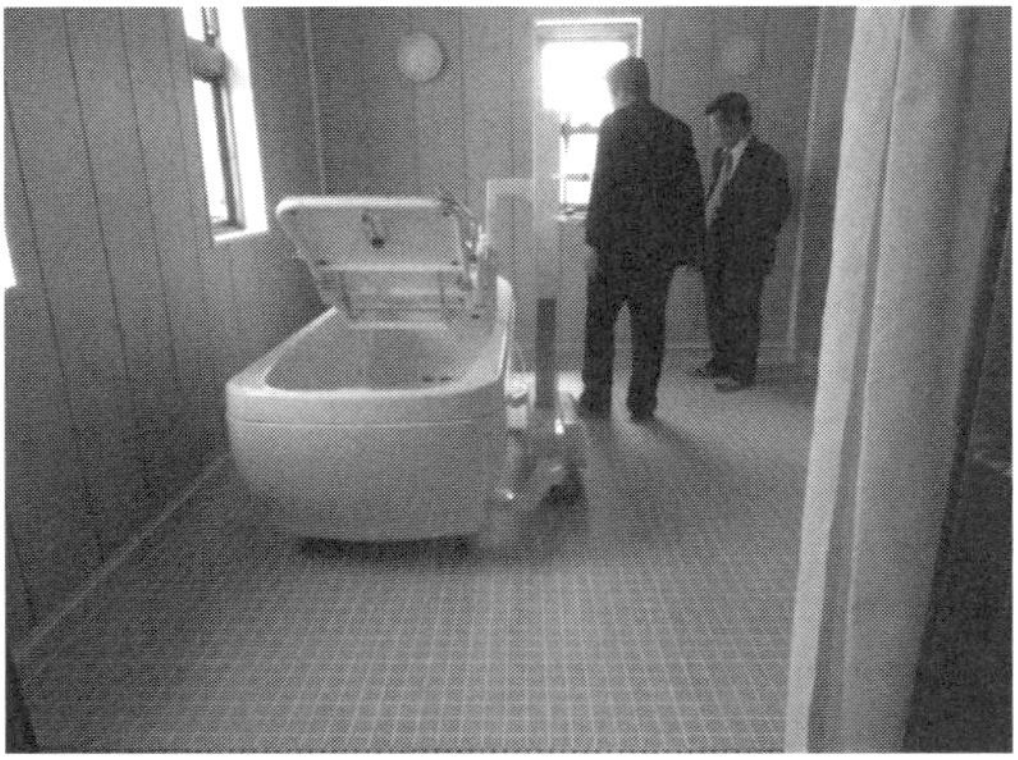

写真は長野県上田市のやさしえ吉田。写っているのがこれを設計した竹内設計士。このような機械浴槽と、自分で入れる人向けの浴室と２つ用意するのがよい。

自力入浴できる人用の浴室、両サイドにヘルパーが入れるようになっている。一人であるいは２人で入浴介助する。

いい介護会社の探し方

高齢者住宅を成功させるには、建物と同様にいい介護会社を探すことが必須になります。住宅型高齢者住宅の申請は介護会社がすることになっていますので、いい介護会社が見つかれば申請も楽ですし、運営がしっかりしていれば、20年間の家賃収入が確実になります。

ゆめゆめ儲け主義で、不正保険請求するような会社と組むべきではありません。静岡県で実際あった事例ですが、不正請求が発覚し、組織的で悪質と判断されて倒産した介護会社がありました。その建物のオーナーは苦労しましたが、少し家賃を下げて次の介護会社が入り、今は順調に経営しているとのことです。

ここで大事なのは、建築費を安くして、賃料を下げる余裕があれば、次の入居者が見つかることです。ヘルパーの待遇を良くすれば、入居者にも紹介者にも評判になり倒産することはなくなります。運営者もオーナーも、介護は社会貢献と思ってやれば自然に利益の出るビジネスであり、感謝されてビジネスになるというのはいい事業です。介護はまだまだ需要が高く、条件さえあえば出店したいと考えている介護会社も多いのです。

3年前からみると、介護報酬の10％減算、ヘルパー人材不足などにより、介護会社運営には逆風が吹いています。でもまだまだ経営の仕方で、高収益企業が多いのも事実です。高収益企業は出店意欲が高く、声がけすれば応じてくれるところが見つかるでしょう。

各地の介護会社リストはネットで簡単に手に入ります。その中で医療系と全国チェーンの大手を外して、ダイレクトメールを送るといいでしょう。「00地区00番地に400坪47室の住宅型高齢者住宅の建築予定があります、入居運営会社募集中」と出せばいいのです。

すぐ返事をくれるところはおそらく現状収益性もよく、出店意欲のある介護会社と思われます。社長に会う前に施設を訪問してみるといいでしょう。しっかりした介護会社なら、挨拶マナーがいいはずです。挨拶マナーが悪い施設は安い賃金でこき使われているか、ヘルパーの指導ができていないかどちらかで、どちらにしてもいい会社とはいえません。

いい会社と巡り合えば、事業はもう半分成功したようなものです。人生はタイミングと巡り合い、いい出会いがあることを願っています。

第6章

今後予想される賃貸事情と新しい賃貸経営

1、中古住宅活用のすすめ

団塊世代が2次定年で、都会離れを始めるようになり、中古住宅が出回りだしました。団塊世代はほとんどが持ち家、しかもその家は新耐震基準で建てられた家で、質としても悪くありません。都会ではマンション、地方では中古住宅などが多く出回っています。新築時4千万から5千万円していた土地建物が、土地価格の大幅な値下がりで、いまやほとんどが1200万円から1800万円で購入が可能になり、東京のマンションでも2300万円くらいになっています。

しかもわりと交通の便や、小学校に近いところも多く、これから土地を買って建てようと思っている人にはお勧めです。新築にこだわらず探すといいでしょう。

一例をあげますと、地方の60坪の土地付き中古住宅でも土地価格が20万円なら、売値は約1200万円。それにリノベーション（大規模改修）をかけて新築に近い程度までリフォームしてもその費用が約1000万円、合計で2200万円ほどでの購入が可能です。

その場合、月の返済額は35年返済で7万円程度になります。ただし中古住宅は、長期のローンが組めない場合があるので、場合によっては返済額は9万円くらいになるでしょう。ローン会社（銀行）への確認が必要です。

中古住宅の良さは、売る時の価格があまり下がらない点になります。新築は築２年で建物評価は半分になってしまうのですが、中古住宅は元からほとんど土地価格なので、あまり下がることはありません。リノベーション住宅の評価は下がることもありますが、新築ほどの値下がりはないでしょう。

家を資産として見るなら、買って損をしないのは都会の中古マンション、地方なら、戸建ての中古住宅で、且つ利便性の高い場所にある建物となります。

リノベーション住宅にすると、キッチンやユニットバスは新品が入り、内装、外装もきれいにリフォームされることが普通です。栃木県で目にしたそのような住宅はすでにリノベーションがされており１５６０万円で売りに出されていました。

この住宅なら将来貸しても家賃７万円程度は稼げるので、月々のローンが５万円でおつりが来ることになり、投資としても悪くない物件です。大きさもシェアハウスにすることも可能な広さでした。改装時に各室に鍵のかかるドアをつけ、浴室も内部ドアをつけるなど、多少のリフォームは必要ですが家賃は倍は得られることになるでしょう。

ただ、一方で利便性の悪い中古住宅でとんでもなく安い物件も出てきています。例えば富山県の場合、ネットで調べると３００万円とか５００万円の物件もあります。こちらは団塊世代の親の世代が所有していた物件が多くなり、築年数も古く、人口減少でバスも来なくなった地域というケースもあります。住むための耐震補強にもお金がかかるし、交通の便を考えると、安くても売れないといった建物になるのです。こういうケースは、土地に特別な魅力があるなら別ですが、基本的には、お勧めはできません。

特定空き家法により中古住宅がこれから出回る

中古住宅をお考えなら、慌てて物件を探す必要はありません。2015年に施行された、特定空家法が2017年頃より効力を発揮し始めるからです。今までは相続しても使い勝手がないと、そのまま放置する場合が多くみられました。建物を壊して更地にすると、解体費も150万円くらいかかるし、税金が4倍に増えるため、とりあえず空き家のまま所持する人が多かったからです。ところが特定空家法により、1年以上空き家であると市町村から判定されると、土地の税金が更地並み（住居として利用されている税金の6倍）に上がることになりました。持っているだけで固定資産税にすると約4倍、税金が増えるという仕組みになったのです。

この負担に耐え兼ねて売りに出す中古住宅が急増すると見られており、もう少しすれば、中古物件も急増し、当然価格も安くなるのではないかと思われます。

2、空き家活用ビジネスのいろいろ

先に説明したような背景からもこれから空き家はますます急増していきます。そこで、それらの活用ビジネスを考えてみると面白いでしょう。

ただし、築30年以上の建物は耐震基準が甘く、震度7で倒壊する建物といえます。旧耐震基準は大正12年の関東大地震を受けて、翌13年に日本で初めて設けた耐震基準でした。それは中地震（震度6弱）に耐える強度ですが、その後の各地の地震で被害が続いたので、昭和56年に今の新耐震基準に代わり、震度7でも人の命が守れる強度になったのです。30年以上前の住宅を使うには耐震強度のアップが必要で、新築くらいの費用がかかります。中古住宅として活用するには、せめて新耐震基準の建物を選び、多少耐震強度をアップするだけですませる必要があります。

その次に何に使うかを決めることが重要です。ただ物件が安いとか、古いわりにしっかりしているなどの気分で購入すると、どうにも使えない物件になってしまいます。

自分が住むために立地や建物を吟味するのと同じように、目的を決め、それにあった物件をじっくり探さなければなりません。

例えば民泊なら駅近くや観光地近く。学生向けシシェアハウスなら大学の近くであることが重要になります。ワンルームタイプで4万円の地域なら3万円で募集するといったように、普通のアパート家賃より安くすれば入居者の確保はできるでしょう。

シェアハウスの場合は部屋数が多い、キッチンの広い住宅を大学近くで探します。4部屋あれば月3万円でも12万円、リフォームしてもいい利回りが取れるし、何よりも少額投資で済みます。

建物（土地も含めて）の購入代金が１５００万円として５００万円のリフォームをかければ、内部は新築のようになります。２０００万円の投資で7．2％の利回り物件になります。

民泊なら同じような投資で家賃収入が月20万円で利回りは12％。手間はかかるものの、いい物件があればお勧めです。

前の章でお伝えしましたように、独居老人用シェアハウスも今後は増えていくでしょうし、介護会社と提携してナースコールサービスをつければ古いアパートを高齢者賃貸として、満室にもできるでしょう。富山でもいくつも成功事例がありますが、基本は家賃を安くして介護事業で利益を取るビジネスになります。安ければ古くても入居者がある、これからの高齢者ビジネスは中古住宅をつかって安くサービスを提供するのが、いいかもしれません。デイサービスでも古屋を改装して使っている所も多く、これも運営コストを安くできるからにほかなりません。

また、古民家中古住宅を活用して、和食店、リフォームモデルにした例もあります。丸太や、漆喰壁等古い豪邸の古民家は味わいがあり、集客にはうってつけです。ただし耐震強度をアップしたり、断熱性能を上げたりで改装費は新築と同じくらいにかかるので、しっかりと集客の見込みがある場所で試す必要があります。

3、投資が最小限ですむサブリース（又貸し）

不動産経営で新しくサブリースという方法も少しずつ脚光を浴びるようになってきました。これは、空きビルを地主から借りて、貸事務所としたり、貸しテナントとして運営する方法になり、いわゆる、又貸し、つまり運営委託のようなものになります。

例えば駅前の空きビルをまるごと数十万円で借りて、1階はテナント貸し、2階を貸しオフィスとし、3階以上を貸し会議室にする。その際、地主とサブリース契約をして、又貸しを認めてもらう必要がありますが、これならビルの建築費や、土地代の投資は不要で、必要なのは目ききと、リフォーム費用だけとなります。

古民家改装の山下ホームのリフォームモデル
昼間は喫茶もやっている

今は空きビル、空きマンション、空きテナントが増えているので、場所がよければサブリース物件としてやっていくことができるでしょう。サブリースは現状では都会のビル物件のオフィス用が多いものの、民泊、高齢者賃貸、高齢者シェアハウスなどにも利用できます。利回りのいい事業でなければ収益性が悪くなってしまいますので、ひと工夫して稼げる民泊などは、収益性がよくサブリース向きともいえるでしょう。

例えば空き家を家賃5万円で借りて、リフォームと家具家電に300万円かけて、民泊にすると以下のような収支になります。

家賃	月　5万円
リフォーム、家電5年リース	月　5万円
管理費（ホームページ、清掃他）	月　1万円
売り上げ（1棟）	月　20～30万円
収支合計	月　9万円～19万円

うまくいけばいい副収入にすることが可能です。大家さんがリフォームした場合でも、月8～10万円の家賃になりますが、リフォーム代のリース料はかからず、結果同じような収支になって

きます。

4、中古アパートも購入対象に

平成28年から宅建業法が変わり、中古住宅の売買にインスペクション（中古住宅性能評価検査）が義務付けられようになりました。

今まで中古住宅の性能評価は全くなく、外観や、間取りや広さと土地価格だけが、売買価格の基準になっていたものが、性能も表記しなさいというように法律が変わったのです。賃貸は性能表記は不要ですが、築年数については表記しなければならなくなりました。これにより木造の古いアパートの入居率がさらに悪くなり、アパートオーナーもリフォームではなく、建て替えを検討せざるを得なくなって来ています。住宅不況の中、賃貸物件は結構建てられており、相続税アップと合わせて、またアパート建築が相当増えるのではないかと思われます。

インスペクションは義務付けられたものの、検査評価の費用が結構かかるため、建物性能を評価せず、土地価格で売れればいいとの考えで、まだしばらくはインスペクションなしの物件も多いと思われます。土地を購入するには地盤調査付きを選んだほうがいいように、建物もインスペクション付きをお勧めします。インスペクション付きをすすめる不動産会社はしっかりした会社が多いのと、やはり性能に自信のある物件しかインスペクションを受けないために安心な物件が多いのです。多少高くつきますが、今度自分が事情があって売るとなるとインスペクション付き住宅は、それなりに高く売れるので、結局はお得になってきます。

また、相続税の大幅値上げで、最近売りアパートが増えています。銀行の信用が付き、事業融資が受けられるなら、中古アパートの購入もお勧めです。ただし現状で空室が多い場合や、築30年以上の木造アパートは、よほど立地がよくて、更地で売って利益の出る価格でなければやめたほうがいいでしょう。

なぜなら30年より古い木造住宅は旧耐震基準で建てられている上に、シロアリ等、外から見えない痛みがある場合が多いからです。鉄骨、鉄筋コンクリート住宅なら木造よりは強く、少なくともシロアリ被害はないので、家賃を安くすれば、まだ入居者を集めることが可能です。

アパート賃貸経営を考える時は、まず現状で空き室が多い物件はやめたほうが無難です。銀行融資が付くのであれば、物件は土地価格以下で買って、戸建て賃貸に建て替えるほうがいいと思われます。

5、太陽光発電もまたチャンスが来た

今、地方を旅行をすると、太陽光発電所が急増したことに驚きます。富山県のように積雪地域で、太陽光発電には不向きといわれたところにも発電所が急増しています。

あまりに急激に増えるので、九州電力では50 kwを超える全量買取りの拒否が始まりました。もともと太陽光発電の全量買取り制度は、再生可能エネルギー（太陽光や、風力）を普及させるために、一般家庭で買うより高い価格で買取りをして安い価格で売る仕組みで、その損失分は、一般家庭の売電価格に上乗せていいというものです。

しかしいくら電力料金に上乗せしてよいと言われても、一方で電力自由化が始まると電力会社は大変になってきます。特に九州は土地の取得価格も安く、グリーン減税（太陽光発電設置費が2年で原価償却できる優遇処置、２０１４年に終了）のおかげで、節税のため大手がこぞって九州にメガソーラー投資した結果、太陽光発電の比率が増えすぎました。

電力会社にすれば、高いだけでなく発電量が安定しない太陽光や風力発電は、増えすぎると電力の安定供給も難しくなります。昼間の電力消費の多い都会ならまだ問題も少なかったのですが、土地の安い九州に集中したために問題になってしまったのです。

他の電力会社は、昼間の電力需要の多い地域で、その分の電力のピークカットができるので、買取りを継続しています。ただし買取り価格は25円まで下がり、グリーン減税もなくなったので、現在の太陽光発電事業は家庭向けと、賃貸住宅の屋上や屋根の上に乗せる10～20kwが多いそうです。

賃貸住宅に乗せる太陽光発電は、本体設置コストが大幅に安くなったので、また見直されるようになってきました。

太陽光発電はパネルが昨年までkw当たり50万円（施工込・税別）だったものが、最近ではkwあたり30万円（施工料込）まで下がってきています。また発電能力も上がってきているので、表示数値よりいい発電ができているようです。

買い取り価格が25円でも、10kw当たり月3万円平均で、性能のいいものだと月5万円も稼ぐそうです。投資金額が安くなったので利回りがよくなったのです。

例えばアパートの上に20kw載せると投資金額は600万円（税込）になり、売電は悪くても月6万円、年間72万円以上で利回りは12％にもなります。

ただし建物の向きや、地域の日照時間と日当たりによってこの数字は大きく変わるので、詳しくは販売店への確認が必要です。全量定額買い取りは期間は20年なので、銀行返済を15年にすれば、15年たったあとの5年は年金のように毎月の収入になるのです。
ちなみに600万円の15年返済だと銀行金利は2％で月の返済額は3万9千円程度になります。冬場の持ち出しが心配なら20年返済にすれば、返済は月3万円ほどになり、月平均3万円以上が手元に残ることになるでしょう。

太陽光発電の台風被害が心配なら、わずかな掛け金で保険があるので、そこを利用するといいでしょう。

とにかく皆が太陽光発電をやるのはもう遅いとか、太陽光発電は終わったという声は信じないで、自分で確かめることです。上手に商売をしている人は決して口にはしていません。儲かる話をするのは売り込みの人だけで、本当に儲かっている人は何も言わないのです。

大きな自宅がある場合（親の家でも構いません）、10kw以上乗せれば、20年買取りの対象になります。もし建物の屋根だけで面積が不足であれば駐車場の屋根も、発電効率は落ちますが東西向きの屋根も使います。とにかく計算上10kw以上あれば20年買い取り契約してくれるのです。多少発電の条件が悪くても最近の太陽光発電パネルは性能が上がっているので、かなり発電するようです。

最近は銀行も太陽光発電に理解を示すようになったので、勤続3年以上のきちんとしたサラリーマンであれば融資がつくと思います。ダメ元で銀行に声をかけてみてください。銀行融資が付けばこれほどいい投資はないでしょう。

コラム4　時代の先を予測する

時代を読み、先を予測するのは、非常に難しいことです。

しかし世の中には正確に未来を予測するものがあります。それは日本の国勢調査です。

国勢調査は非常に正確で、そこに基づく人口動態予測も信頼のおけるデータとなっています。マーケットは人口に比例するので、どの年齢がどれくらいいるかわかると、かなり正確な市場予測ができるのです。

人口動態を見るには、厚生労働省の発表している動態ピラミッドがわかりやすくおすすめです。こちらを元に私が現在予測する賃貸経営環境は次のようになります。

人口動態の表をみると団塊世代と、その子供の団塊ジュニアの人口が多いことが一目瞭然です。現在団塊世代は、そのほとんどが年金受給者となり、仕事をしている人は少ないですが、この世代はまだ元気で、趣味の活動をしたり、旅行を楽しんだりしています。今の傾向としてはそこに紐づくように、1眼レフカメラが売れたり、安い平日旅行プランが売れたりしています。

しかしあと10年もするとこの世代は75歳を越えます。そして20年もすると85歳を越えて、要介護世代になっていきます。そこでの予測としては健康食品が売れ、道の駅がにぎわい、15年もすると、介護施設の不足が深刻化し、ヘルパーの不足も深刻化するということになります。

同居する家族がいて、持ち家がある世帯はまだ住む場所がありますが、アパートで一人暮らしの高齢者が要介護になると厳しい状況におちいります。そこで安い介護施設、サ高住や、住宅型老人ホームのニーズが高まることでしょう。

一方で団塊ジュニアは年収格差が大きく、半数は結婚していない状況にあります。今結婚していない段階ジュニア世帯は一定数は確実にこのまま結婚しないと予測されるので、シングルのアパート需要は、人口が減る割には減らないでしょう。年収格差があり、安いアパートか、こだわりの戸建て賃貸の需要が増えると考えられます。

まだ介護の必要でない高齢者（このほうが要介護よりはるかに多い）向けビジネスが大きく発展するとも予想できますが、それがどのような形になるかは現段階では予想が難しくあります。

ただわかっているのは、入居費が高い場所は難しくなっていくことです。というのは団塊世代は収入も多く、年金もまだ多世代よりましで、自分の親の面倒を見ることができます。しかし自分たちが要介護になる頃、子供（団塊ジュニア）にはそのような余裕はないからなのです。

アパートでも段差をなくし、間口を広くして断熱をよくしておくと、介護会社とのナースコールをつけるだけで高齢者賃貸住宅にすることが可能です。将来の変更を考えた若者向け賃貸経営がいいの

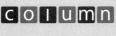

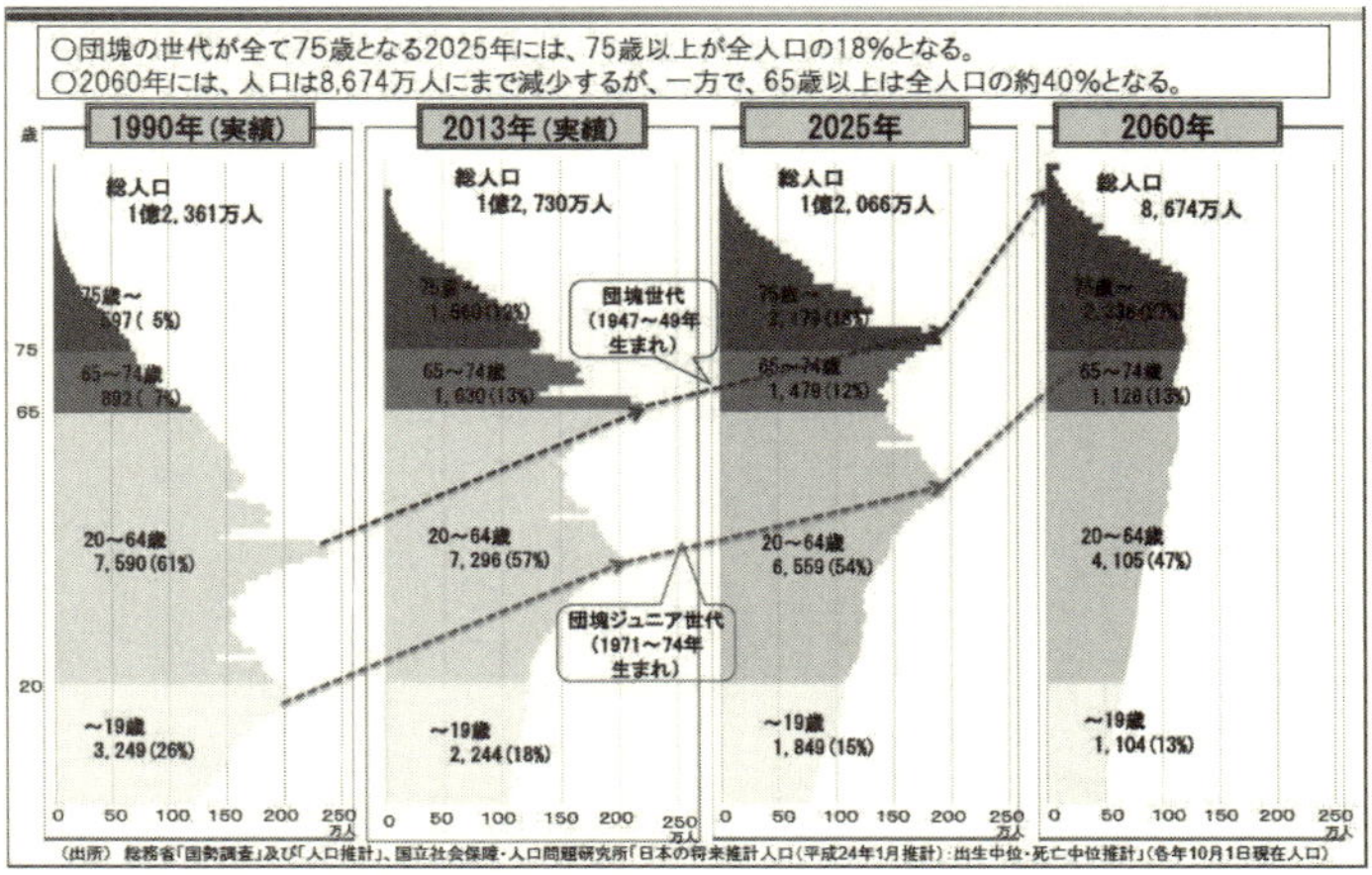

人口動態統計（厚生労働省ＨＰより）

かもしれないと予測できます。今のアパートの活用なのでそれほど家賃を上げなくて済み、案外これが本命になるのかもしれません。

column

第7章

地震に強い賃貸住宅を作る

1、賃貸投資の最大リスクは地震

私が住んでいた新潟県では長岡の中越地震と柏崎市の中越沖地震、最近2度の震度7の地震を経験しています。道路はクネクネに歪み、段差ができて乗用車は通れなくなり、500棟以上の住宅が倒壊しました。安全なはずの住宅が潰れて人が死ぬ。これほど恐ろしいことはありません。命は助かっても、家を建て替える負担や、震災で職場をなくしたり、長い仮設住宅住まいによる心労で健康を害する人が多くみられます。

賃貸住宅もコストダウンのために細い材料で建てた建物に大きな被害が出て、倒壊はまぬがれても、小さな余震でも大きく揺れるので、入居者全員が出て行ってしまいました。火災保険は地震が原因の火災には適用されず、高い地震保険に入っても、本当に大きな災害の場合、建て替え費用の半分も出ない状況になります。まして半壊扱いだと、全く建て替え費用には足りません。ある意味、賃貸住宅の最大のリスクは地震かもしれないとさえ思います。

地震は人生を変えてしまいます。柏崎と長岡で、たくさんの家が倒壊した現場を見て、地震で潰れない家を普及させることが私たち建築に携わる者の使命だと思うようになりました。そこで私は柏崎の工務店の丸山社長と防災環境住宅研究会を平成17年に立ち上げました。柏崎での震災

１階が完全に潰れ２階が１階の高さになった。このような潰れ方が多い（柏崎市内）

このアパートは本震で無事で、余震で倒壊したとのこと。

まだ新しい住宅でも窓が大きく、壁が少ない、あるいは地盤が弱いと被害を受ける。この家は構造がダメージを受けているので建て替えしかない。
まだ新しい住宅では、全壊する家より、この程度の損傷が多く、２重ローンになる可能性も高い。

築３０年以上の古い家に倒壊が多いのは熊本も同じ。在来工法は１階部分が潰れる場合が多い。

（震度7の激震）の経験を生かした、工務店の勉強会ネットワークであり、震度7でもびくともしない家を建てる、非常時用に太陽光発電をのせる、雨水貯水や井戸などの非常用水の確保などを研究したのです。

地震の巣の上での住宅づくり

日本の地震には大きく2タイプがあります。一つは東北大地震のように、プレートが動く地震です。特徴としては地震の規模（マグニチュード）は大きいが沖合で発生するため、地震の震度は小さく（震度6以下）、地震による直接的な建物被害は少ない。そのかわり津波被害が大きく、被災エリアが格段に広いというものになります。

もう一つは阪神大震災や、２０１６年の熊本地震のように、直下型活断層型地震で、直下の浅い震源の場合が多いため、マグニチュードは低めでも激震（震度7）になりやすく、建物に直接ダメージを与えるものです。

内陸型地震はここ20年ほどで、各地で起きています。地域限定の被害のため、あまり大きく取り上げられませんが、私の住む地域でも、中越地震（長岡）、中越沖地震（柏崎）、能登半島（石川県門前町）等いずれも震災範囲は狭いものの建物の損傷が大きく出ています。

プレート型地震は多くの活断層に新たなストレスを生み、内陸型地震のきっかけになります。発生した内陸型地震は、それに繋がる活断層にストレスを加えます。東北大地震は、日本全国の活断層にストレスを与えたはずであり、今後日本全国で数年置きに、内陸型地震が発生すると予想されているのです。それに対し住宅作りにはどのような対策が取れるのでしょうか。

一度大きな地震に晒された家は危険

2016年の熊本地震では、最初の震度7で残った家も、2度目の震度7でほとんどが倒壊しました。活断層型地震は一つ起きると、つながりの活断層に大きなストレスが加わり、大きなひずみが発生し、それが余震となります。プレート型より多く、長く余震が続くことになります。はじめの地震で、壁の中の筋交いや、耐力合版は壊れます。建物の耐力がほとんどなくなった状態で来る余震のほうが、全倒壊する率ははるかに高くなるのです。

そもそも建物の耐震強度は、建物の耐力壁の強度と数できまります。震度7クラスの地震が発生してもすぐ、すべての耐力壁が破壊されるわけではないのです。

最初の震度7でいくつかの耐力壁が破壊され、耐力強度は失っても、他の耐力壁が無事なら、余震ですぐに壊れることはありません。しかしたとえ小さな余震でも、残った耐力壁に力が集中

0.8t（震度６相当）で折れた筋交い
筋交いは震度６相当の力で折れる。
このような状態で余震が来たら持ちこたえられない。

し、震度４～６では本来破壊しない耐力壁が破壊されていきます。その繰り返しで、残った耐力壁が徐々に破壊され、最後は倒壊するという仕組みなのです。

耐力実験では震度７相当の地震で建物に加わる力は１．７ｔにもなり、ほとんどの建物で、耐力壁が壊されることになります。見た目は大丈夫でも、筋交いは折れ、２Ｘ４の釘は抜け、耐力のない状態になってしまいます。見た目で騙され、家が無事でよかったと、混雑する避難所でなく、自宅に住み続けたり、荷物の運び出しに自宅に戻った時に大きな余震にあうと一気に全倒壊して被災する危険があるのです。

一見平気でも、壁が膨らんだり、大きなヒビが入った家はほとんどの場合、耐力壁の損傷があるので、建築士による安全の確認ができるまでは近づかないほうがいいでしょう。

従来空洞の壁に合版と断熱材が入っている。これにより耐力壁が形成される。
更に、建物全体を包むことで、全ての壁が耐力壁になると同時に建物全体がモノコックボディとなり、力を面で分散するため、非常に強固な家となる。

2、震度7でも無傷の家

柏崎では震度7の地震により、ほとんどの家が建て替えとなりました。多くの家が倒壊はまぬがれても、耐震強度が落ちて、小さな余震でも大きく揺れるので、精神的にまいって住めなくなってしまったからです。

ところが、唯一柏崎市に本社のある株式会社ホーメックスの開発したＨＰパネル工法の家だけは、すべて無傷で建て替えずにすみました。

もともと工務店であるホーメックスは建物の高断熱化のために、壁に断熱材をはめ込んだ合版パネル（ＨＰパネル）を開発し、自社の高断熱住宅として使っていました。

写真のように柱と柱の間に入れる断熱材入りパネルを作ることにより、現場の大工さんの断熱手間を省くために作ったものです。ところが、この断熱材入の合板パネルが、耐震住宅として非常に優れた性能があることが、図らずも実証されたのです。

ホーメックスのパネル工法が建物被害ゼロだったのは、耐力壁の数が非常に多く、また建物全体に力を分散させる、モノコックボディが形成されていたからと思われます。それゆえ個々の耐力壁の破壊がなく、いつまでも建物全体の耐力強度が維持されたからではないかと思われます。

パネル工法のいいところは、すべての壁が耐力壁になることです。在来工法では、筋交いを入れた壁だけが耐力壁になるのに対し、パネル工法は壁すべてが耐力壁になる上に、確認申請強度には加算されませんが、窓上、窓下のパネルも、実は強力な耐力壁として、機能します。総合すると、はるかに耐力強度のある家になるのです。

震度７の激震で壊れない耐力壁は、本震より弱い余震がきても、壊れた耐力壁がないので、他の耐力壁に負荷が集中して壊れることもありません。つまり余震に強いということは、震度７で壊れない、たくさんの耐力壁をバランスのいい配置で、建物全体の耐力強度を有することなのです。

柏崎の震度7の地震で、あるハウスメーカーの、地震に強いといわれた2X4工法（注2）の住宅も大きなダメージを受けました。モノコックボディ構造（注3）で地震に強いとうたっていましたが、３棟が半壊、その他の建物も壁に亀裂が入ったり、余震で大きく揺れるようになったりで結局建て替えられることになったのです。

いくらモノコック構造でも大工さんの釘打ち精度が悪いと、震度7で釘ヌケが発生することが判明しました。釘が抜ければ、耐震強度は急速に下がってしまいます。一方パネル工法は面材が柱に囲まれるため釘にかかる負担が少なくなり、釘ヌケが2X4住宅や大壁工法（注4）より少ないと考えられます。

現在の耐震基準は震度7で倒壊しないレベル（等級1）とされていても、建物が壊れないという意味ではありません。全壊しないので、命が守れるというレベルです。

鉄筋や、鉄骨だから丈夫ということもありません。結局、耐震基準は同じなため、鉄筋のビルも震度7では構造にダメージが出て立ち入り禁止になる場合が多いのです。神戸でも柏崎でも鉄骨のビル、RCのビルの多くが使えなくなり、ほとんどが建て替えとなりました。熊本でもビルが傾いたり、立ち入り禁止になった建物が多いように見受けられ、おそらくすべて建て替えられることになると思われます。

建築材料が強いから地震に強い住宅になるとは限らず、結局は耐力壁の数と配置で耐力強度は大きく変わります。

地震にビクともしない建物は、長期優良住宅基準の等級が2以上なければならず、パネル工法

柱の間に挟むように入れる断熱材セットの耐震ＨＰパネル(写真はホーメックス提供)。後ろは柱４寸（120㎜）用の奥行きの大きいパネル、手前は３寸（105㎜）用。
施工は外側に断熱材、内側に構造合板が入り、室内からの気密処理しやすい。

以外は非常にコストが上がることになってしまいます。パネル工法での建築はハウスメーカーで建てる最も安い在来筋交い工法より坪３万円程度高いくらいと、かなりの低価格です。繰り返される余震にも強度が落ちない等級２以上の建物にするのは、やはりパネル工法がむいているのではないでしょうか。特にコストパフォーマンスが一番高い、在来軸組みパネル工法（在来工法とＨＰパネルの組み合わせ）がおすすめです。

（注２）２Ｘ４工法……２インチＸ４インチの木材で、建物の骨組みを作り、外側から合版を貼り付ける工法、北米では一般的な工法で、壁で耐力を持たせるため壁工法ともいわれる。
（注３）モノコック構造……連続する面で立方体や球体を形成し、外部からの衝撃を面全体に逃がす構造。衝撃に強いので、車や航空機にも応用されている。
（注４）大壁工法……柱を建てる木造在来工法に２Ｘ４住宅のように、外部に合板を貼り付けた工法。在来工法でありながらモノコック構造が作れるので、地震に強いとされている。

余震に強いスーパーパネルの誕生

柱と柱の間に構造パネルをはめ込むＨＰパネル工法が開発されて25年になります。もともとは高断熱パネルとして開発された経緯もあり、その優れた耐震強度が話題になることはあまりありませんでした。

ところが、阪神淡路大震災、中越地震、中越沖地震、そして東北震災と続くと、そのＨＰパネル工法の耐震性能が話題になり、新たにパネルを作る会社が増えて来ていました。

今、柏崎市ではパネル製造会社が数社できて、ホーメックスパネルと同じものを供給しています。断熱パネルとしてではなく、耐震パネルとして断熱性能を少し落として価格を少し安く販売し、今では、柏崎市の新築はすべてパネル工法で建てられるようになりました。

全国でも建物の耐震性能のニーズが高まり、パネルを製造する会社が増えました。その中の１社がコーチ株式会社です。もともとは、ある大手バイクメーカーのオートバイの出荷用木枠を作っていた会社でしたが、木枠は鉄フレームにかわり、木工場の稼働率が下がっていたところ、これからは耐震性能が求められるので木軸パネル工法の時代になると読み、パネル工場を作った会社です。

もともとの信用があった上で時代のニーズもあいまって、建物の耐震性能アップにパネル工法を使う提案は、勉強熱心なビルダーが飛びつきました。そこに東北震災以降の大工不足も功を奏して、後発のコーチパネルも売れるようになったのです。

コーチのすごいところは、ＣＡＤＣＡＭ（コンピュータ制御マシーン）でパネルを作っていることです。他社のパネルもほとんどが工場生産で、機械を使ってはいるものの、半自動、もしくは手動の加工機であり、手作業によるところが大きくあります。

ところがコーチは全自動化し、釘打ち精度を上げて耐震強度を高め、耐震パネルとして大臣認定まで取得しました。最も強度に差の出る、釘打ち圧力をコンピュータ制御で打たせ、従来工法の壁倍率の約２倍である４．８倍の強度のパネルをコストアップせずに作り上げたのです。しかも手打ちと違い、品質にばらつきがなく、すべてのパネルで高性能を発揮しています。

このパネルを使うと、国土交通省の定めた長期優良住宅基準の最高ランクの耐震等級３が簡単にクリアできます。つまり数百年に１度の震度７以上の地震に十分に耐える性能を簡単に出せることになるのです。

パネル工法・大壁工法実験結果～コーチパネルとＨＰパネルの違い

ＨＰパネルは先にお伝えしたように、もともと高断熱住宅を作りやすくするために開発されたものです。断熱性能を格段にアップさせるためには、建物の気密性能をアップさせなければなりません。そのために構造合板を内側に向け、気密テープを張りやすくしています。そうすることで、大工さんでも気密性能（断熱性能）の高い住宅が建てられるのです。

気密性能を上げるための特別な指導は必要なく、もともと断熱パネルなので、お金のかかる耐震試験も大臣認定申請もしていません。構造評価で２．５倍強度と認定されています。

それに対しコーチパネルは構造は同じですが、電気や、設備の内部工事をしやすくするために、構造合板を外部に向けて施工し、壁の室内側に空間を設けています。耐震パネルとして開発されたために、他の工法と比較するための破壊試験を行い、資料ビデオまで作成しています。気密処理して断熱性を上げるには、外からの気密テープ作業が必要になり、足場からの作業なので、気密処理の作業性はＨＰパネルより劣りますし、浴室周りの気密処理に工夫が必要です。

ＨＰパネルの耐震試験はしていないので、データー比較はできませんが、コーチパネルと構造が同じで、震度７の柏崎の地震（中越沖地震）で全く無傷という多くの実績があり、コーチパネルと実用上は変わらない強度があると思われます。建築会社の考え方でどちらを使うかが決まり

（上）施工も早く抜群に地震に強いコーチパネル。破壊実験をしているところ
（下）コーチパネルを使用した住宅

ますが、耐震性能だけを考えると、同じであると考えてよいでしょう。

東北大地震後、建物の耐震強度に再び関心が高まり、またパネル工法が注目されるようになってきました。私どもは、このコーチパネルを全国に普及すべく啓蒙活動をしています。もし興味がありましたらＪＰＳ（防災環境住宅）研究会にホームページからお問い合わせください。近くの対応ビルダーを紹介させていただきます。

大壁工法（合版外張りモノコック）の欠点

今までモノコックボディ構造は力を面として分散させるので強いとされてきました。ところが公的機関建材試験センターで、コーチパネルとの比較で試験していただいたところ、2X4パネルも、大壁パネルも合板を固定している釘が震度5相当で抜けてしまう結果になりました。釘が抜けると、耐震強度は急激になくなりますので、耐力壁としての役割がなくなります。柏崎でも2X4住宅の被害は、この釘ヌケが原因と思われます。

それに対し面材が柱内にあるパネル工法は釘にかかる強度が緩和されるので釘ヌケはありません。表面に合版のある、2X4や合版張り工法では釘にすべての力が加わり、釘が抜けやすくなっているのではないかと思われます。加えて、その釘打ちを大工さんの手打ちに頼っているので、強度に大きなバラつきがでるのではないかと予測されます。

実験データーによると震度7に安定して耐えるのはコーチパネルだけとなりました。HPパネルは破壊試験をしていませんが、コーチパネルほど精度は高くなくても、少なくとも、中越沖地震（柏崎市）では2X4よりはるかに強いことが実証されています。

コーチパネル壁断面

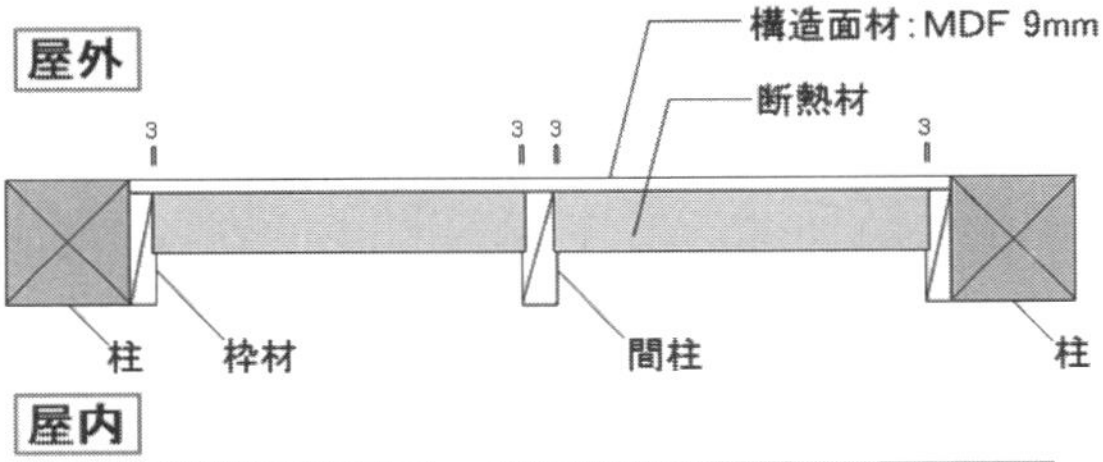

コーチパネルは室内に断熱材が入り、配線用空間ができる。電気工事はやりやすい。（資料提供　コーチ株式会社）

大壁工法の破壊実験
わずか 0.8 t の力で釘が抜けてしまった。

コンピューター制御で最適強度の釘打ち実現

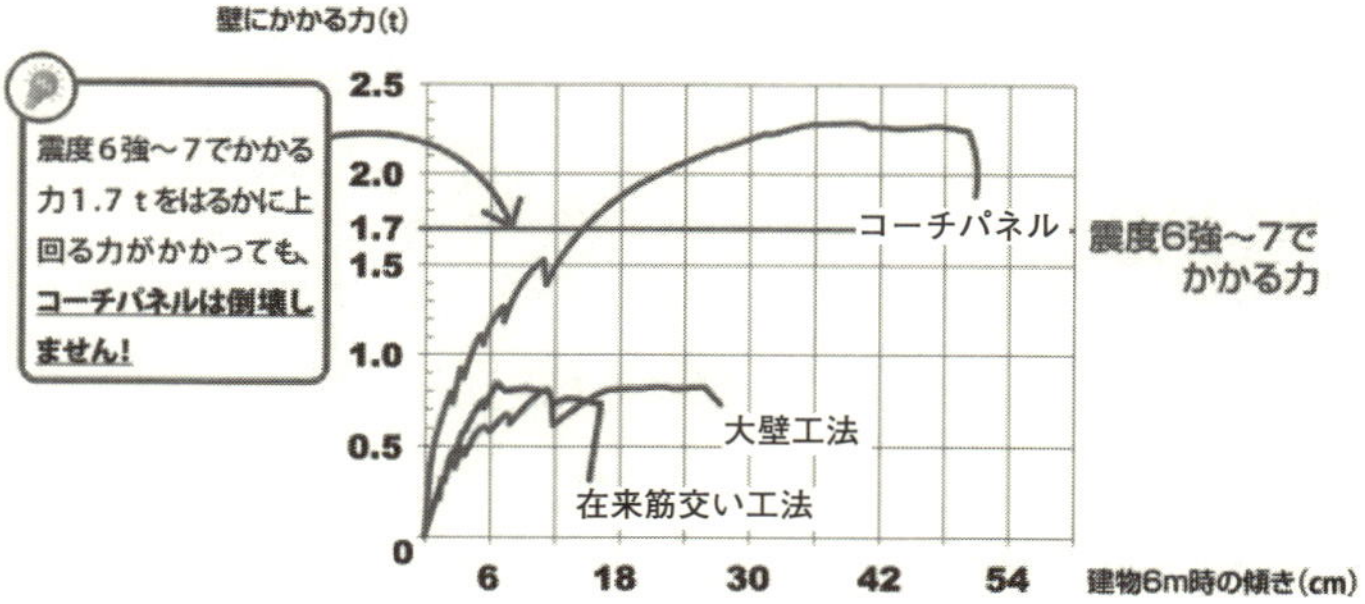

3タイプの耐力壁の強度実験データー

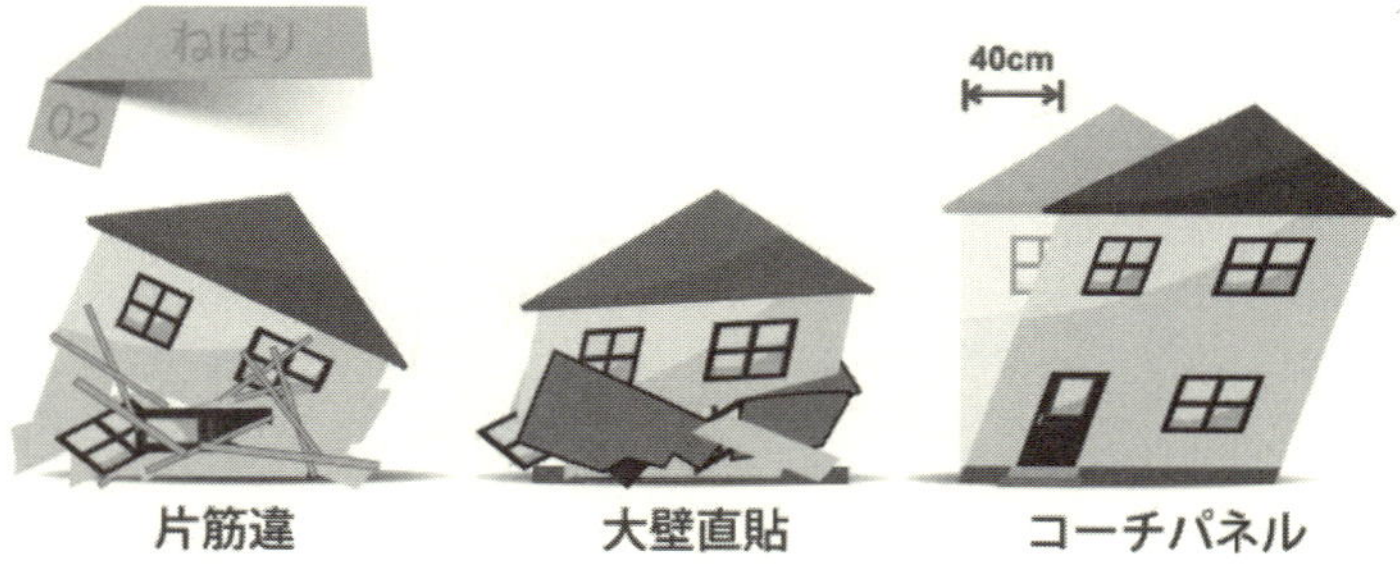

震度7では建物強度に粘り（復元能力）も関係する。震度7相当の力（1.7t）を加えてもコーチパネルは40cm傾き、力を解くとすぐ復元した。40cmも変形しながらも復元するのは、一般的な制震装置以上の性能である。

3、地震保険はないよりまし程度

東北大地震後、地震保険に入る人が増えているそうです。地震による倒壊や半壊のような被害には火災保険は使えませんし、たとえ火災が起きても地震が原因の場合やはり保険金は出ません。地震による建物の損害に対して保険金がおりるようにしたいのであれば、火災保険に特約事項として、地震による災害補償をつける必要があります。

ただ、地震保険の掛け金は火災保険の９割程度が加算されるのに、火災保険による保証と違って建物を建て替える程の保険金は出ません。例えば新築価格２０００万円の住宅なら１０００万円が限度となり、地震が起きて家を失っても、地震保険だけでは建て替え費用には足りないのです。

新築ローンに付帯してかけられる戸建て用火災保険は10年分で12万円程度、年約１万円で、これに地震保険を付けると10年分で約９万円がプラスされて合計で19万円。地震保険は、火災保険の付帯要件であり、地震保険だけではかけられず、必ず火災保険とセットになります。

賃貸物件は戸建てとは少し計算方式が違い、部屋数で多少金額が変わってきます。概算でいえば新築価格６０００万円の賃貸住宅の火災保険が年約５万円で10年一括で約50万円、それに地震保険は年２．６万円が10年で26万円。費用トータルは年７．６万円、10年で76万円で、保証は半分の3000万円となります。全壊の場合でその金額で、半壊や一部損壊では減額されることになります。

しかし地震による火災は、火災保険では全く出ないことを考えると、それでも入っておくほうが安心ではあるでしょう。

ただ、やはり基本は多少建築コストがかかっても、地震で崩れない土地（地盤のいい土地）に、地震で損壊しない建物を建てるのが一番であり、それに地震保険も念のためにつけるのがいいのではないかと思われます。

4、地震に強い家の例

手の届く額の一般住宅

耐震性能や、断熱性能が高い家を建てて長く住む方が環境にいいといわれ、国土交通省が長期優良住宅制度を発足させたものの、なかなか普及しなかったのは、耐震性能を上げるほど価格が高くなっていたからです。耐震性能を上げたり断熱性能を上げるのは手間も材料費もかかります。

しかし、先にご紹介したパネル工法にすると高耐震、高断熱の施工手間が大幅に省略できるので、その分の大工さんの手間賃が大幅に節約できることになります。その他の作業も見直し、全体で工夫すれば、それほどコストアップにならずにすみます。

上棟時にパネルをいれるだけで約20~30人工（大工さん一人の作業で30日分）の大工手間が節約できるのです。普通35坪くらいの家を建てるのに大工さんは一人で60日かかる（60人工）ので、約3分の1も大工手間が節約できることになります。

30坪程度の住宅なら、大工仕事は工期が2週間以上早くなり、3週間で終わります。手の遅い大工さんでも1ヶ月あれば、大工仕事は終わることになり、単純計算ですが、一人で年間12棟も建てられることになるのです。

工期が早くなると、仮設料、金利、現場管理費など、様々な経費が安くなります。またパネルには窓台、断熱材が含まれ、筋交いのような副部材も不要です。結局、コスト的に最も安いといわれる在来工法とあまり変わらないコストで性能が大幅にアップした家ができることになります。

パネル工法は設計の仕方で、コストダウンが可能です。1階を凹凸の少ない間取りにし、2階は仕切りで間取りを作る設計をすると、高いパネルの使用数が少なく、耐力性能もアップできるのです。

間取りを単純にすれば、決して高くない値段での建築が可能であり、それを実証したのが次に紹介するパネル工法のホーメックによる上越市モデルです。耐震性能2倍のコーチパネルとそれを利用した、コンパクト長期優良住宅のノウハウが今、全国のＪＰＳ研究会の会員を通じて広がり始めています。

四角い間取りはなぜ性能が高くコストが安いか

設計士ならだれでも知っていることですが、凹凸のない四角い間取りプランはコストが安くあがります。

比較のため、「森の家」「ＳＵＭＩＫＡ」の間取り（4間Ｘ4間＝7．3ｍx7．3ｍ）に対し2間（3．6ｍ）Ｘ8間（14．4ｍ）間で奥行き8間の長方形の間取りを考えてみましょう。

広さは同じ32坪（53．3㎡）でもＳＵＭＩＫＡで使う壁パネル枚数は32枚に対し、長方形は40枚必要になります。総2階、森の家だと64枚に対し、長方形の家は16枚も多く80枚ものパネルが必要になるのです。さらに凹凸が多いとパネルの必要枚数はもっと多くなります。パネルの数は壁の数なので、壁が多いとすべての内壁、外壁、構造材等、建材の使用量は増えてくるのです。

また真四角の住宅はバランスがいいので、当然どの方向からの地震にも強くなります。その上

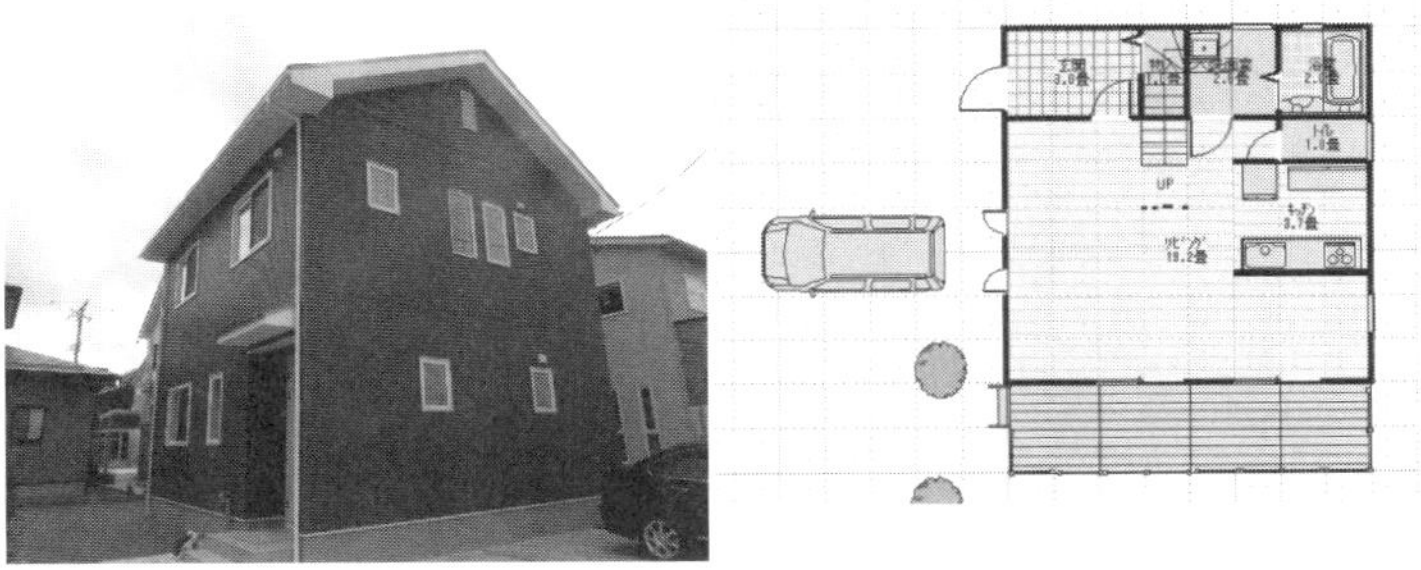

コンパクト長期優良住宅「森の家（上越モデル）」（総２階タイプ）
ダントツに地震に強い家が手の届く価格で誕生
1200 万円（税諸経費別）　耐震等級３（積雪地等級２）　断熱等級４（最高ランク）

内部は天然床材。１階はリビングキッチンのワンルーム、２階は天然素材の家具で間仕切りしており、将来の間取りの変更が自由にできる。

森の家モダンデザイン
間取りは上越モデルと同様。2階仕切なしで 32 坪 1000 万円から。

コンパクト長期優良住宅平屋「SUMIKA」
シニア向け平屋プラン・小屋裏含めて32坪1200万円
耐震等級、最高ランク等級3　断熱性能、最高ランク等級4
内部は天然素材住宅　漆喰無垢床仕様

床面積に対し壁面積が最も少ないので、その分の熱損失が少なく、断熱性能があがります。壁が少ないので、施工に使う建材も少なくてすむし、当然大工手間も少なくてすむのです。

コストは安く、性能が上がるのが、先述のSUMIKAや森の家ですが、四角い家の唯一の欠点は、デザインがとりにくい点になります。そこで森の家はデザイナーズ住宅のキューブデザインにしたり、1部凹凸をつけてデザインをとったりしています。

森の家（総2階）は狭い土地に家族数が4人までの住宅に向いています。

これにキューブデザインが追加されたのですが、これが森の家シリーズでは一番建築コストが安くなっています。まず上越モデルに比べて、キューブは小屋裏の構造材がいらなくなるため、屋根面積も40％少なくなり屋根両側の妻の外壁材がいらなくなるのです。つまり使用する建材が最も少なく、その分大工手間も少なくなっています。（32坪１０００万円から）

性能は耐震等級３、断熱等級も最高ランク４で、この値段でできるので、復興住宅にも向いています。とにかく平面プラン四角のキューブデザインは安くあがるのです。しかも若者にも人気で、賃貸経営用住宅としても最適ではないでしょうか。

ＳＵＭＩＫＡは２階建てにせず、その分屋根裏を作るという、山小屋的なデザインがとりやすくなっています。パネルもわずか32枚で、２階の壁がない（２階は屋根裏部屋）ので、天然素材仕様にしても安くできるのです。それでいて耐震等級３（最高ランク）がとれて人気があります。小屋裏２階で32坪あり、広さも２～３人で住むには十分です。どちらかというと、小家族時代、こちらのプランが小家族の若い人にも人気で、今、全国で建てられ始めています。

究極の壁面積最小住宅はドーム

別の例もご紹介します。実は壁面積を床面積あたり一番少なくするには、円型が一番よく、耐震も断熱も抜群の家が安く建てられます。

自分が住むには目立ちすぎて、少し抵抗があるかとは思いますが、賃貸住宅や民泊にするといいかもしれません。

九州の阿蘇に貸別荘として建てられているものが、２０１６年の熊本地震でも本体は全く無傷であったそうです。強化発砲スチロールで作られているので、軽くて地震に強く、壁すべてが断熱材なので、断熱性能は抜群です。家庭用の安いエアコン１台で10坪の居室の冷暖房が十分に足りるというもので、１棟の販売価格はわずか７８０万円です。

写真は新潟の MK プランニング本社モデル
内部にはミニキッチン、バス、トイレがついており、２人で生活するのに十分な広さがある。賃貸料７万円で貸せば利回り 10%を越える。確認申請も出せるので、住宅地ならどこでも一般住宅として建てられる。

第8章

実際の進め方（資金・工務店選び・運営）

1、あなたはいくらまで借りられますか（ローン借り入れ可能額）

住宅ローンは借り手の年収で借り入れ可能額が決まります。年収の約6倍までが借り入れ可能といわれていますが、これは実際に受け取る手取り給料ではなく、給与明細の総支給額にボーナスも加えた、年末に受け取る源泉徴収票に記載された金額になります。つまり手取りの1．2倍×12ヶ月＋賞与分です。

例えば年収400万円なら400×6で借り入れ可能額は2400万円。年収500万円なら500×6で3000万円となります。共稼ぎであれば、夫がメインで借り入れをする場合には妻の収入の半分を夫婦合算として加えることができます。その場合、妻の年収が200万円なら半分の100万円、夫の年収が400万円ならあわせて500万円×6で3000万円まで借りられることになります。

これは銀行の住宅ローンの場合で、政策金融公庫のフラット35なら、お互いの年収をそのままプラスして、借りることが可能です。前者のケースであれば年収400＋200で600万円の6倍なので夫婦合算で3600万円まで借りられます。

収入型2世帯住宅（片方を賃貸にする2世帯住宅）を建てるなら返済完了まで金利が一定であるフラット35で借りるほうがいいでしょう。

ただし余裕ができたら、戸建て賃貸を建て増すことを考えたほうがいいのではないでしょうか。2年くらい実績ができれば、今度は銀行の事業融資が受けられます。それが軌道に乗ればさらに追加ができるのです。

5棟くらい運営すれば、もうサラリーや年金をあてにしなくても悠々自適の生活が送れるようになります。リストラがいつ来るかもしれない世の中。サラリーマンもこれぐらいのことをするべき時代でしょう。

年収や状況に応じた具体例

これから年収や土地があるなしに応じたいくつかのおすすめ購入例をご紹介します。場所は地方都市を想定していますが、ご自身の状況を照らし合わせて考えるベースにしていただければと思います。

もしあなたが50坪程度の土地を持っているなら、2世帯住宅は特にお勧めです。諸経費を入れても２５００万円以下なので住宅ローンは35年返済で月約８万円。戸建て賃貸の家賃が10万円なら、片方に住みながら、片方の家賃でローンの支払いができるのです。

自分は無料で住み、もし転勤でよそに住むことになれば、その片方の分の家賃10万円はまるまる収入となり、絶対にローン破綻しない家になります。

もし年収が６００万円あれば、土地を買ってもやはり賃貸収入付き2世帯住宅がお勧めです。土地代が１０００万円（50坪×20万円）として総額３５００万円。住宅ローンは35年返済で月11万５千円。片方の家賃に少し足せば住むことが可能です。ただし夫婦合算でも年収６００万円以上ないと３５００万円のローンが組めません。年収の６倍まるまるかかってしまうことになりますが、この場合は賃貸収入があるので、やはりローン破綻しにくい家になる。

もし年収が４００万円程度なら24坪１０００万円の家に30坪の土地をお勧めします。建物が１０００万円に諸経費が２００万円、土地代が６００万円（30坪×20万円）と、合計１８００万円。住宅ローンは月約５万９千円ですのでいざという時、自分は安いアパートに出て、戸建てを貸せば10万円稼いでくれ、ローンとアパート代が出ることになります。

人生の落とし穴（ローンが組めなくなる？）

場所も建物も気に入って契約したものの、３ヶ月分のローンの未払い（最終的には返済している）が原因で、結局銀行の決済が通らず、夢のマイホームを諦めることになったというケースが実際にあります。その方曰く、会社を辞めて収入がない時に３ヶ月間車のローンを滞納したが、最終的には全額支払っているので、それが銀行融資の障害になるとは夢にも思ってもいなかったとのことでした。たった３ヶ月の滞納で一生住宅が買えなくなっていたのです。

別の工務店にも同じような話があります。サラリーマン金融を使ったばかりに、ローンが組めなくなったそうなのです。銀行に言わせると、サラリーマンローンを使った人のローン破綻率が統計上高く、住宅ローン融資は禁止されているそうです。

ローン会社と銀行は情報でつながっており、一度の失敗や、何気ないお金に関する行動が、非常に厳しい、人生の落とし穴になりかねません。

このことは知らない若い人が多いので、読者の皆さんは是非、まわりの特に若い人にもお伝えして欲しいと思います。銀行は甘くありません。たった一度の過ちやミスを見逃さず、簡単に住宅ローン不適切者のレッテルを貼るのです。

貼られたほうはたまったものではありませんが、日本中の銀行が同じ考えで情報ネットワークを作っているので、手の打ち用がないのです。これこそ人生の落とし穴ではないかと思います。

ただ、そうなっても借りられる可能性があるのが、先に説明した政策金融公庫のフラット35です。フラットなら、完済さえしていれば、大目に見てくれることがあるそうです。景気浮揚策で、少しでも多くのローンを通し、住宅を景気浮揚策に使うという、政策があるからです。諦めずに窓口に相談に行かれるといいでしょう。

最初は貯金から

賃貸経営に限らず何か事業をやろうとしたとき、何をするにもお金が必要です。何を始めたらいいかわからなくても、若いうちから貯金をする習慣を身につけたほうがいいでしょう。とりあえずまずは300万円を貯めることです。300万円の資金では何もできないと思われるでしょうが、自己資金が300万円あるかどうかで、銀行融資がつくかどうかが変わってきます。自己資金なしの方は計画性がない人とみられて、銀行の対応は厳しくなります

月5万円ずつ貯めれば5年で300万円になります。頑張って貯めると、お金を貯めることがいかに大変で、お金がいかに重要かわかります。これを理解するだけでもあなたの人生は好転す

るでしょう。

３００万円貯まれば１０００万円から２０００万円の融資を受けて、賃貸事業にチャレンジするのです。

お金はあればあるだけ使ってしまうのが人間の習性であり、特に若いうちは買いたい物やしたいことが多く、努力しなければお金は残りません。お金を貯めるポイントは、ただ貯めるのではなく、お金を貯める目標を持つことです。

例えば３００万円貯まったら独立するとか家を買うとか、目標を紙に書いて、毎日見るといいでしょう。人間は、目標を紙に書いて毎日見るようにすると、強い潜在意識が働き、無意識でも節約し、お金が貯まるようになるのです。これを目標達成のアファメーション（潜在意識への書き込み）といいます。人生成功のための最新の脳科学の進化の成果で、解明されてきたことですので、疑わずやって見て欲しいと思います。

またサラリーマンにお勧めなのは、給料の天引きです。月３万円ほど天引きし、ボーナスから12万円残せば、５年で３００万円貯まることになります。天引きなら入った給料で何とかするので、不思議と残るのです。お金を使わないためには、目の前に現金を置かないことです。残った給料が、その月の生活費だと思えばいいし、特に独身の人は誘惑が多いので、よりたくさんの天引き貯金をするべきです。

2、返済は15年以下、利回りは7％以上

私は地主向け、土地活用セミナーをこれまで１００回以上、５年にわたって行ってきましたが、そこでは利回りを７％以上にし、返済は15年ローンにするようにとお伝えしています。

自宅＋１～２棟というファーストステップは35年ローンでもけっこうですが、そこから手をひろげて棟を増やす場合、つまり本格的に賃貸業に乗り出す場合の返済は15年以下にしておきましょう。

返済を15年以下にすべき理由

以前は50年一昔という言葉がありましたが、今は15年で世の中が様変わりしています。例えば15年前にスマホがあったでしょうか。今では賃貸情報はスマホで少しでも条件のいい賃貸に移り

たいと、検索する人が増えています。15年前は団塊世代が現役で、車も家も売れ、賃貸も2LDKが満室になっていました。団塊世代の次の世代（50歳前後）も家を買う前に、まだ2LDKに住んでいたのです。その世代は持ち家に移り、次の団塊ジュニアがアパートを埋めるはずだったのに、彼らは結婚せず年収も少ないため、親と同居かアパートのワンルーム暮らしになります。そうしてシングルの部屋は多少古くても満室になり、埋まるはずだった2LDKが空き家になっているのです。これは全国共通で起きている現象です。

賃貸業は世間を代表しています。世の中の動きは賃貸業に注目しているとよくわかるのです。これから増えるのは外国人、特に東南アジアからの労働者として入ってくる方たちでしょう。今までは入国規制が厳しく、せいぜい研修生としてしか在留できなかったのが、介護や製造業、建築業で人材不足が深刻になり、じわじわと緩和され始めてきています。彼らの住むアパート需要がこれから急増していきます。

そしてあと15年もすれば、団塊世代は85歳を越えて、要介護世代に入り、老人ホームが絶対的に不足します。彼らの住んでいた家が空き家になり、売りに出されたり、賃貸に出されたりするでしょう。

このように15年周期で世の中は大きく変わっていきます。それなのに、賃貸経営で30年返済のローンを組むというのは、けしていい選択ではないでしょう。15年後に返済が終われば、15年後の市場がどのように変わろうと、余裕で対処できます。

しかし15年たっても多くのローン残債があれば、対策の取りようもありません、それこそがリスクと考えるべきです。

利回り7％以上にするには

利回り7％とは投資額1０００万円で年間収益が70万円（投資に対する利益率）あることをいいます。これだけ収益がいいと返済優先できて15年で銀行返済が終わります。

例えば銀行定期だと利回り０．００４５％なので、年間の利益はわずか４５００円、国債でも1万円程度です。株式は上がり下がりが激しく、プロでも難しい投資です。

今サラリーマンには戸建て賃貸がベストな選択だと思いますが、戸建て賃貸経営も事業ですので、事業者としての意識が大事です。事業で収入を得るには「仕入れを安く、売値を高く」の原理しかありません。賃貸の場合の仕入れは建築費です。建築費坪60万円（できれば50万円以下）以下でなければ、どのような商品を企画しても利回り7％以上はとれません。

売値は賃貸業では家賃になります。そこでこれまでお伝えしてきたように、ニーズのある戸建て賃貸を建てれば、空き室の心配も少なく、利回り7％以上を確保できるでしょう。

3、銀行との交渉

銀行融資を取り付けるためのコツ

これまでもお伝えしてきたように、銀行は実績主義、現物主義で、実績のない人が事業資金を借りるのは、相当にハードルが高いです。そこでまず2世帯住宅を借りやすい住宅ローンで建てて、3年ほど賃貸経営の実績を作ることです。

年収が500万円以上の方なら、2世帯住宅として銀行または政策金融公庫でローンを組んでいただくのが一番簡単です。年収を証明する源泉徴収表（年末に税務署から送られてきているはずです）のコピーと免許証のコピーを持って、直接銀行や、政策金融公庫に行くか、工務店にお願いするかすればいいだけです。1週間以内に、融資が可能かどうかの返事がきます。一番簡単なのは、建築業者が決まれば、営業の方に任せることです。

固い銀行だと、本来の融資条件とは違うという理由から、2世帯住宅の片方を賃貸住宅にするとダメというところもあります。しかし建築後空いている部屋を貸すのはよくあることなので、黙認してくれる銀行も多いです。ただ、その中でも親に確認するとか、親の同意書の提出を求められることはあります。

いずれにせよ銀行により対応は様々で、断られたら違う銀行にあたってみることです。基本は小さな銀行、信用金庫や、農協が比較的、借りやすいです。また今は地方大手の銀行も、日銀から金を押し付けられているのでハードルが下がっており、担保物件（土地）がある場合には、意外にすんなり借りられるという話も聞きます。まず小さな銀行1社と、地方銀行1社と交渉してみて、融資の話がうまくいかなければ次をあたる、という具合に粘り強く回ることです。優良工務店で、銀行との関係もいい場合もスムーズにローンがおります。建ててから使われ方を確認に来る銀行はありませんので、同居は先になると言えば、ほとんどの場合黙認してくれます。

住宅として建てる場合は、事業融資のように、事業計画書もいりません。年収を照明する書類（源泉徴収票）だけで済みます。

問題は年収が非常に少ない場合や、軽度のローントラブルがある場合です。このハードルは非常に高いので、銀行融資を付けるのに苦労すると思います。

年収が少ない場合ですが、原則年収の6倍までしか融資は受けれませんので、結婚していれば夫婦合算を利用します。その場合、銀行よりも政策金融公庫のほうが通りやすくなります。事務所は県に一箇所くらいしかありませんので、県庁所在地まで行くことになりますが、妻の年収の100％を合算してくれるので、融資可能額が増えて、ローンが通りやすくなるのです。

他にも親がいれば親子リレーローンも使えます。たとえ親が年金生活者でも収入があれば、親子でローンを組むことになり、融資可能額が増えてローンを通しやすくなります。親は父親でも母親でも大丈夫です。

いろいろな方法がありますが、どの方法でも比較的、政策金融公庫のほうが、ローンを通しやすいといえるでしょう。住宅ローンは基本、外国籍の人は使えませんが、永住許可のある外国人なら、政策金融公庫で通るようです。

とにかく融資を取るためには、諦めないことです。銀行により大丈夫なこともあるし、政策金融公庫で、今年ダメでも、2年後に申請して大丈夫な場合もあります。2年間で年収が増えたり、それこそ政策が変わることもあるのです。住宅は景気刺激策として有効なので、政権により政策が変わる場合もあるからです。

4、建てたあとの運営

おすすめ不動産業者と依頼の範囲

建てたあとの運営方法ですが、まず入居者探しについては、基本的には賃貸専門の不動産会社にお願いして探していただくことになります。

不動産会社には、賃貸をやらず、土地や家の売買が専門のところもあります。賃貸営業に力をいれている会社にお願いしないと、なかなか入居者が見つからないことになります。

ではどうすればいい不動産会社が見つかるか？　まずは、自分がアパートを探すつもりで、ネット検索をしてみましょう。その中で扱う物件の多い不動産会社を選ぶことをおすすめします。おそらくネット検索でかかりやすく、誰もが見に来るページになっていると思います。

今、賃貸物件を探す若い方は、ほとんどがスマホでネット検索しています。「○○町　アパート２ＬＤＫ」といったように検索して、上位に出てくる会社はネット対策も十分にやっているいい会社だと思います。スマホできれいに見える対策をしている会社なら大丈夫です。その中の１社に、物件が説明できる図面、写真、地図を持って訪問するといいと思います。いい会社なら、いくらの家賃で貸せるかアドバイスもしてくれるでしょう。

不動産業者に家賃の５％を管理費として払えば、集金も入居者のトラブル対策もやってくれ、アパートではそのようにしている経営者も多数みられます。ただし戸建て賃貸はアパートのように共有部分もないので、ほとんど入居トラブルもありません。集金も振込みにしてもらえば手間もかかりませんので、入居募集のみお願いし、管理費の５％分は将来のリフォーム費用として積み立てたほうがいいでしょう。

火災保険も瑕疵保険（建築の欠陥を保証する保険で、新築には義務付けられている）も建築時に入ることになるので、入居者が起こした火災も保険で出ますし、台風被害も保証されますので、別段考慮する必要も無いでしょう。ただし火災保険で出るのは建築費の約80％で地震による火災では全く保証されません。必要に応じて地震特約を付けることをお勧めします。

5、建築会社の選び方

戸建て住宅をやっている建築会社は、会社の規模で大きく３つに分けられます。売り上げが小さく木造建築を主として建てているのが工務店。それより規模が大きく、そこそこの事務所を構えて、社員も20人以上おり、チラシも時々入り、見学会もやっている会社をビルダー。ビルダーよりさらに大きく、全国規模で展開し、常設展示場を持っている会社をハウスメーカーと呼びます。

価格はハウスメーカーが一番高く、坪あたり80万円以上します。テレビコマーシャルも打ち、モデルも立派で誰もが憧れますが、車でいえば高級車で、誰もが買えるわけではありません。大手は建材の仕入れコストも安いので、本来なら安くできるのですが、高級車を売るほうが数倍も利益が出るように、ブランド戦略をとり、敢えて高くしているのです。これは一般住宅だけでなく賃貸住宅を建てる場合でも同じで、ブランドアパートは高くても、入居者があるとの営業文句で売っています。しかし、若者の年収が下がっている時代、やはり高い家賃のアパートの入居率が悪く、賃貸破綻の原因となっています。いくらブランドアパートでも相場の家賃より高いと満室経営は難しいようです。

価格が安くオススメなのは、工務店やビルダーですが、小さな工務店では建材の仕入れ価格が高く、賃貸住宅のようなコストダウン住宅が苦手な会社も多いようです。一方そこそこのビルダーであれば建材仕入れは安いはずですが、アパートのようなこだわりのない住宅は建てない会社も結構あります。そのようなところは、建材にこだわり、断熱性能、耐震性能にこだわり、高くてもいい住宅を（それでもハウスメーカーよりは安い）売りたい気持ちで会社を経営して、ここまで伸ばして来たという自負心をもっています。

一番いいのは、そのようなこだわりのビルダーが手掛けている、戸建て賃貸住宅です。こだわりのあるビルダーは価格もある程度安く、品質性能がしっかりしています。賃貸住宅でも、高くても断熱のいい樹脂サッシを使ったりするので、ハウスメーカーのアパートよりはるかに断熱性能がよく、暖かくなります。

そのような会社を探すのは、比較的に簡単です。ハウスメーカーのように常設展示場はありませんが、かわりに完成見学会をよくやるからです。品質がよくて、価格も手頃なので、売り上げを伸ばしている優良企業が多いのも、このクラスです。

ただし戸建て賃貸や、アパートをやっている会社でないかもしれません。ホームページを見て、施工例や、企画商品として載せていればいいですが、そうでない場合も多いのです。

それでも多くの場合、賃貸住宅の建築ももちろんできますので、気になる会社があれば、電話で「戸建て賃貸住宅をやりたいのですが」と問い合わせてみるといいでしょう。また、巻末に載せている、ＪＰＳ住宅（日本防災環境住宅）研究会会員なら、大丈夫と思います。

近くに会員がいれば相談してみてください。

価格交渉の仕方

戸建て賃貸の場合は、価格は全国的にほぼ決まっています。ワンルーム戸建てで、６００万円にプラス、消費税、外構（駐車場の舗装）で合計７００万円、２ＬＤＫの戸建てで税込、外構込みで１０００万円です、それ以上に提示された場合は交渉して、企業努力をしていただきましょう。ただし、１棟しか建てない場合は建築に関わる効率が違うため、諸経費で１００万円ほどアップします。先ほどの金額は最低でも２棟以上同じ敷地で建てた場合のものになります。

また、価格は耐震性能や、断熱性能をアップしたり、オール電化にするかでも違います。先程の価格は、ガス仕様になります。ガス仕様だと、お風呂の給湯器やキッチンコンロを、ガス会社が無料で提供してくれるからです。ちなみにオール電化仕様だと、約80万円、パネル工法にすると約40万円（２ＬＤＫで80万円）アップします。将来性を考えて導入するかどうか決めてください。

パネル工法にすれば壁の断熱が非常によくなりますので、あとは窓を樹脂サッシにするコストアップ分20万円ほどアップするだけで、非常に暖かい住宅になり、将来の競争力が付きます。

ここに書いた価格は、あくまでも、コストダウンできたビルダーでの話で、価格は交渉目標として考えてください。建材の価格の高い地方や、大工手間の高い地方では、この価格より多少上がるかもしれません。

賃貸住宅は、そこそこのビルダーなら安心

賃貸住宅は、規格住宅なので、使う建材も、設備もほとんど決まっています（だから安くできるのです）。最初に契約すると、そこからほとんど変更がありませんので、打ち合わせミスや、施工ミスもありません。そこが注文住宅と大きく違うところですが、万が一のトラブルでも、今は瑕疵保険がありますので、そのお金で修理していただけます。建築後、万が一ビルダーが倒産しても10年間は、保険で、修理や建て替えができます。

唯一建て替えが発生する可能性があるのは、地盤沈下です。その場合は、地盤調査と地盤保証で十分対応できます。またほとんどの場合、施工代金の支払いは、着手、中間、完工となり、30

％は完成検査が済んでからになります。銀行に完成検査が済んだと言わない限り、最後の支払いはできませんので安心です。

唯一完成前にビルダーが倒産すると面倒ですが、それでも未払いのお金で、ビルダーを代えて工事ができますので、大丈夫です。

都道府県	加盟店名	住所	電話番号
東北			
秋田県	(有)土井建築設計	秋田県横手市十文字町鼎字上野村69-2	0182-42-3575
福島県	(株)カノウヤ	福島県伊達市保原町上保原字万所26	024-575-2308
	(株)渡部住建	福島県那麻群西会津町野澤字諏訪西甲1061	0241-45-3526
	(有)廣創建設工業	福島県岩瀬郡鏡石町岡ノ内503	0248-62-3250
関東			
茨城県	(株)イサカホーム	茨城県水戸市笠原町682-13	029-305-3118
	(株)住建	茨城県東茨城郡茨城町常井1204-1	029-292-6714
	(株)蔵持ハウジング	茨城県牛久市中央5-13-15	029-878-3966
栃木県	(株)リアンコーポレーション	栃木県宇都宮市東簗瀬1-6-6	028-657-6730
	(株)ウィルホーム	栃木県宇都宮市中今泉3-2-14	028-601-2080
群馬県	(有)石原工房	群馬県みどり市笠懸町鹿3603-1	0277-46-8211
埼玉県	日商建設(株)	埼玉県川越市脇田本町30-8	049-241-3755
甲信越			
長野県	(株)ピースステージ	長野県北佐久市立科町塩沢1875-14	0267-56-3231
	(株)小林工業所	長野県駒ケ根市赤穂2375-1	0265-82-2164
	(株)スマイルハウス	長野県松本市双葉24-10	0263-27-9901
	(株)住まいのセンター	長野県須坂市大字塩川492-1	026-248-1076
	石田建設(株)	長野県駒ケ根市飯坂2丁目9-14	0265-83-4151
新潟県	(株)MKプランニング	新潟県新潟市南区上下諏訪木854-7	025-373-6631
	(株)ホーメックス	新潟県柏崎市大字土合628-1	0257-24-0034
	(株)阿部材木店	新潟県長岡市片田町字荒田1019	0258-23-2777
	ハーバーハウス(株)	新潟県新潟市中央区明石2-2-14	025-384-0494
	イワコンハウス新潟(株)	新潟県新潟市江南区東早通1丁目2-6	025-382-1882
	(株)二村建築	新潟県西蒲原郡弥彦村大字上泉1792-5	0256-94-3928
東海中部			
岐阜県	(有)ピュアホーム	岐阜県養老郡養老町飯田796-1	0584-32-4416
静岡県	(株)サンコーホーム	静岡県浜松市南区飯田町507	053-465-6995
	(株)ユア・ハウス	静岡県焼津市大住327-3	054-629-5455
	渡辺建設(株)	静岡県裾野市伊豆島田718-6	055-992-0030
	(株)オレンジハウス	静岡県静岡市葵区幸町4-18	054-254-7292
	(株)デグチホームズ	静岡県富士市厚原7-5	0545-72-0300
	(有)eはうす	静岡県掛川市中央2丁目3-12	0537-61-5505

付録　お勧め工務店リスト

都道府県	加盟店名	住所	電話番号
	(株)マブチ工業	静岡県浜松市中区葵東2-25-54	053-430-5008
	(株)アクトハウス	静岡県富士市本町12-6	0545-53-1468
愛知県	(株)ビーシーホームズ	愛知県名古屋市中川区荒子5-160-1	052-363-0870
	(株)ネイブレイン	愛知県岡崎市洞町寺前3-1	0564-65-0241
	タツミホーム(株)	愛知県知多市巽ヶ丘２丁目113番地	0562-35-1300
	(株)イトコー	愛知県豊川市諏訪西町２丁目248番地	0533-86-8887
北陸			
富山県	(株)山下ホーム	富山県魚津市江口567-1	0765-24-9116
	(有)北岡工務店	富山県富山市向新庄町8-4-56	076-411-5545
	(株)赤井建設	富山県射水市海老江七軒1491	0766-86-0071
石川県	(株)ハザマ住建	石川県金沢市窪４丁目437番地	076-226-8830
	(株)不動産総合センター	石川県金沢市三口新町３丁目３番18号	076-222-1122
	(株)井田建設	石川県小松市糸町2-3	0761-24-6667
近畿			
三重県	トレジャーホーム(株)	三重県亀山市南野町1-17	0595-83-2481
	(有)伊藤燃設	三重県桑名市江場508-2	0594-22-1778
	(株)マインドハウス	三重県四日市市九の城町6-15	059-353-1101
滋賀県	三澤建築工匠	滋賀県長浜市中山町2-14	0749-62-8456
大阪府	(株)オープ様	大阪府大阪市天王寺区上本町5-3-7	06-6766-1161
兵庫県	(株)クレストホーム	兵庫県神戸市西区前開南町２丁目10-16	078-976-6296
和歌山県	(株)タナベハウス	和歌山県田辺市中万呂869-40	0739-26-9668
中国			
広島県	(株)オオサワ創研	広島県呉市広文化町6-4	0823-27-8787
九州			
福岡県	(株)ウッドサークル	福岡県大川市大字小保614-14	0944-88-1557

※資料は 2017 年 3 月のものになります。

おわりに

人間の脳には幸せをつかさどる部位があるらしい――。

ＭＲＩによる研究で脳内の血流の状態を分析した結果、人間が幸せと感じるときにだけ血流が急増する場所があることがわかってきたそうです。脳科学者はそこを「幸せ中枢」と呼んでいますが、その部分の近くに、目標達成中枢や子育てに必要な愛情中枢があることも知られています。

人間は脳の構造によって、子供に愛情をそそぐことで幸せを感じると考えられます。また、狩猟時代から獲物を獲得して生きてきた、そのＤＮＡが目標獲得中枢であり、目標（獲物）を獲得すると幸せになるのではないかと理解されています。

家を建てることで幸せを感じるのも、子供の為に家を獲得し、そこで家族が幸せに暮らすという一連の出来事に起因するものではないでしょうか？

私自身も狭い貸家から新築に移った時に本当に幸せと感じたものです。しかし子供が家にいるのは高校生まで。娘も息子も進学し、今は夫婦２人だけになってしまいました。子供の為にと建てた家も、子供と住むのは約10年、自分たちもあと20年住むかどうかわかりません。

空き家になった時に貸せる家になっていれば、そこは今度は子供たちの賃貸財産になります。自分たちにとっても、家賃収入が老人ホームの入居費の足しにできるかもしれません。つまり貸せる家にしておくと、子供が出て行った後も子供にとって価値のある家になり、もう一度幸せを感じることができるのではないでしょうか。

これからは、年金だけでは、外食も、旅行もできない時代になります。幸せになるのにお金はいらないと言う人もいますが、少しばかりは贅沢もしたい、その時に賃貸収入があるとないとでは、人生が変わると思いませんか。

また、最近脳の働きとホルモンの関係の研究が進み、人は子供のためや、人に喜んでもらえる仕事を達成すると、セロトニンというホルモンが分泌されることも明らかになりました。セロトニンは体調を整えたり、海馬に働いて記憶力を高めたり、体の免疫力を高めたり、仕事の効率を上げたりすることがわかってきています。

人間の脳は本当に素晴らしいもので、人の為に尽くすとセロトニンが出て、自分も元気に活動的になるそうです。そしてこのセロトニンが幸せを感じるドーパミンの分泌を促し、人は幸せを感じるそうなのです。

仕事を通じてより多くの人の役に立ち、その上、個人として、入居者が喜んでくれる賃貸経営をすれば、入居者にも喜ばれ、その収入で家族にも喜んでもらえるでしょう。

昼間セロトニンがたくさん出ると、夜は睡眠ホルモンであるメラトニンがたくさん分泌されて熟睡でき、ストレスにも強くなります。

是非、人の為に役立つ仕事を多くして、健康で元気な人生を送っていただきたいと思います。


人生は一度しかありません。その人生をどのように生きるかはあなたの選択次第ですし、過去にいろいろな選択をしてきた結果、今のあなたがいるのです。

友人を選ぶのも、学校を選んだのも、就職先を選んだのも自分です。たとえ今の仕事がきつい、給料が安いと文句を言っても、それは自分が選んだ道であって、自分にすべての責任があるということです。もしこの先、もっといい人生を送りたいなら、今ある選択条件の中から、少しでもいい未来を選択すればいいのです。

もちろん、何もしないという選択もあり、現実、多くの方がこの選択肢を選んで、不満な人生を送っています。今の時代、何もしなければいい人生は送れません。何もしないという選択だけはしないで欲しいと願います。

いい人生を送るために、できることはたくさんあります。節約して貯金をすること、タバコをやめること、将来の独立を考えながら仕事をすること。自分に前向きな気持ちを持たせてくれる友人を選び付き合うこと、テレビを消し、自分をレベルアップしてくれる本を読むこと。酒の付き合いは、前向きな友人だけにするなど。

そのような、いい人生を送るための選択のひとつとして、もしこれから家を建てようと思うなら、2世帯型賃貸兼用住宅を検討する。もし親が土地持ちなら、親と戸建て賃貸経営の話をする。そのように賃貸経営の選択を考えてみていただけると、老後の安心がさらにつかめるのではないでしょうか。

過去の選択は変えられなくとも、これからの人生の選択は貴方次第です。その結果貴方の人生が変わることになるでしょう。

最後までお読みいただき、ありがとうございました。

繰り返しますが、人生は選択で、よりよい人生を歩むには、賢い選択をしなければなりません。この本がその選択の一助になれば幸いと思います。参考にして、是非いい人生を送ってください。

2017年3月

山本章三

◇著者の連絡先　メール：sh3yamamoto@spice.ocn.ne.jp
ホームページ：ＪＰＳ住宅研究会 http://www.bousai-kankyo.jp/
メールでの問い合わせには必ず、氏名、年齢、住所、電話番号の記載をお願いします。

■著者紹介

山本章三（やまもと・しょうぞう）

住宅コンサルタント。

広島県福山市出身。昭和23年生まれ。富山大学大学院卒業後、立山アルミニウム工業（現三協立山アルミ）に入社。特販営業などを経験した後、販売推進課にて工務店向け情報誌ｉｅ（アイアンドイー）の発行編集長になる。

平成７年に独立後、イングランドハウスの住宅フランチャイズを展開。役員退任後、柏崎市の震災を受け、復興及び耐震性の高い家づくりの研究組織である日本防災環境住宅研究会（JPS住宅研究会）を株式会社ホーメックスの丸山社長と立ち上げる。また、インターネット時代に成功している工務店を分析し、ホームページの展開指導も行う。工務店向け指導、地主向け土地活用セミナーの講師としても活躍。

著書に『高感度経営の時代』『ドラッカーの教えを活用した「建設業のウェブマーケティング」売り込まずに売れる仕組みづくりのポイント』がある。

JPS住宅研究会　http://www.bousai-kankyo.jp/

書籍コーディネート　インプルーブ　小山睦男

2017年５月３日　初版第１刷発行

工務店が教えるお得な家のつくり方
低コスト・強靭・コンパクト住宅が戸建物件のキモ

著　者　　山本章三
発行者　　後藤康徳
発行所　　パンローリング株式会社
〒160-0023　東京都新宿区西新宿 7-9-18-6F
TEL 03-5386-7391　FAX 03-5386-7393
http://www.panrolling.com/
E-mail　info@panrolling.com
装　丁　　パンローリング装丁室
組　版　　パンローリング制作室
印刷·製本　株式会社シナノ

ISBN978-4-7759-9150-3